青春叛逆期，
父母说给男孩的
心里话

胡胜林◎编著

中国纺织出版社有限公司

内 容 提 要

青春期也是叛逆期，是每个男孩一生当中的重要时期，无论在生理上还是在心理上，都会产生巨大的变化，男孩青春期的成长路上，需要我们父母的关爱和引导，方能安然度过。

本书不仅是一本送给青春期男孩的书，也是一本送给父母的书，本书对日常生活中男孩遇到的各种困惑给予了专业的贴心解答，希望青春期的男孩在阅读它之后，能找到方向，进而能以健康自信的心态、挺拔的身躯迎接灿烂的明天！

图书在版编目（CIP）数据

青春叛逆期，父母说给男孩的心里话 / 胡胜林编著.
--北京：中国纺织出版社有限公司，2020.3
ISBN 978-7-5180-6847-0

Ⅰ.①青… Ⅱ.①胡… Ⅲ.①男性—青春期—家庭教育 Ⅳ.①G782

中国版本图书馆CIP数据核字（2019）第229708号

责任编辑：郝珊珊　　特约编辑：李　杨
责任校对：江思飞　　责任印制：储志伟

中国纺织出版社有限公司出版发行
地址：北京市朝阳区百子湾东里A407号楼　邮政编码：100124
销售电话：010—67004422　传真：010—87155801
http://www.c-textilep.com
中国纺织出版社天猫旗舰店
官方微博http://weibo.com/2119887771
三河市宏盛印务有限公司印刷　各地新华书店经销
2020年3月第1版第1次印刷
开本：710×1000　1/16　印张：12
字数：127千字　定价：39.80元

前言

"可怜天下父母心"，这是我们所有为人父母的人希望孩子能记住的话，我们也总希望自己的儿子能长大、成才，成为一个顶天立地的男子汉。但成长的路上，任何人都会遇到一些风雨，如果你的儿子现在十几岁，你是否发现：就在最近的一两年时间，他好像个头高了，也不像以前那么顽皮了，安静了很多，但却总是愁眉苦脸、心事重重的样子，他也不再像以前那样遇到开心的事和不开心的事都会告诉你了；另外变得臭美了，总喜欢拿个小镜子照来照去，并且，还会对你说："你不明白的，不想告诉你。""你根本就不懂我。"……

其实，男孩以上表现都是青春期的常见现象。

那么，什么是青春期呢？心理医生认为，孩子在10岁之前是对父母的崇拜期，而12～16岁是孩子的"心理断乳期"，孩子进入这个年龄段，随着身体的发育、所学知识的增加以及知识面、阅历的增加，他们的自我意识增强，他们渴望脱离对父母的依赖，因此，极易对父母产生"逆反心理"而不服父母的管教。

儿子到了青春期，肯定会有很多青春期的问题，为此，不少父母操碎了心，一方面，青春期的儿子有了成长的烦恼，需要有个倾诉的对象，而儿子似乎已经对自己锁上了心门；另一方面，青春期也是个危险的时期，儿子一不小心，就可能走上错误的人生道路……诚然，男孩虽然没有女孩娇贵，但面对青

春期的这些变化，也会感到忧虑、惶恐和不安。作为父母的我们，有义务帮助孩子排除这些负面情绪，让他健康、快乐地度过青春期。

身为父母，我们需要给青春期的儿子上一堂青春期生理、心理、心态以及社会知识的课，让儿子能以一种积极健康的心态面临青春期遇到的各种问题。

这本《青春叛逆期，父母说给男孩的心里话》就是以十几岁男孩的成长经历为案例，对青春期男孩遇到的各种困惑的问题予以解答，并且对他们这段时间的人生观、价值观予以正确的引导。最后，希望所有的青春期男孩都能顺利度过人生的雨季，打造绚烂多彩的人生花季，希望他们都能健康、快乐地成长！

编著者

2019年4月

目 录

第1章

这些身体变化很正常，男孩不必太惊慌

　　青春期是个体由儿童向成年人过渡的时期。每个成熟的男性都要经历青春期，当然，成熟的一个重要标志就是生理的成熟。然而，青春期会出现很多令男孩头痛的问题，如身体上的不完美，但很多问题，只是青春期独有的，随着年龄的增长和身体的发育成熟，会逐渐消失。所以，亲爱的儿子，面对青春期这些身体的变化，你不必害怕和惊慌，坦然面对，总有一天，你会成长为一个成熟的男人。

脖子上怎么长出了凸起的东西

男孩为什么会长出喉结？首先我们要明白喉咙的生殖构造以及发育状况：人的喉咙由11块软骨做支架组成，其中最主要、体积最大的一块叫甲状软骨。胎儿在2个月时，喉软骨开始发育，直到出生后五六年，每年仍在增长，但5～6岁到青春期这一时期内喉软骨生长基本停止。进入青春发育期以后，由于雄激素的分泌增多，喉结继续发育，甲状软骨向前突出，这才使男孩出现喉结。

喉结，指人咽喉部位的软骨突起。喉结突出，是男性的性征之一，经过青春发育期，由于雄激素的作用，男性一般都会有喉结不同程度地向前突出的现象。

因此，青春期男孩喉结突起是正常生理现象，男孩不必担忧。关于喉结这一问题，也许你还有以下一些疑问。

1.为什么有些女孩也有喉结

有些青春期男孩认为，喉结是男孩的专有生理"产品"，但现实生活中，也有很多女孩有喉结，于是，不懂事的孩子嘲笑女孩为"变性人"，其实，女孩有喉结也是正常现象，只不过这是少数，那么，是什么导致女孩也有喉结呢？

其实，童男童女的甲状软骨都一样。男孩喉结的出现，是由于雄激素的作用，而至于少女喉结突出的原因，大致有以下三种情况。

（1）内分泌机能不足。一般来说，在女孩子的身体内，占主导地位的是雌激素，雄激素很少，这些主要是由卵巢、脑垂体、肾上腺等控制的，一旦这些控制器官出了问题，体内雌雄激素的分泌就会紊乱，雄激素的含量就会增多，于是，就会便发生"喧宾夺主"的现象，出现了喉结突出、多毛和声音变粗等男性化的特征，与此同时，女性应有的一些特征却变化不明显。

（2）遗传因素。遗传因素对人的生长会起到很大的作用，其中就有喉结的大小。父亲喉结特别大而显眼者，其女儿有时候喉结也会突出些。

（3）消瘦。我们发现，生活中，一些偏瘦的女性，喉结部分会显得突出一点，这是因为这些女子颈前部的脂肪和肌肉组织不发达，所以喉结看起来比较突出，不过，有些青春期少女的甲状腺会出现生理性增大。由于增大的甲状腺正好在喉结的下方，因此，常被误认为是喉结突出。而这种现象的产生，也是青春期特有的，这时期新陈代谢比较旺盛，碘供应不足，造成生理性相对缺碘，甲状腺增大，以后会消失的，所以，不必太担忧。

由此可见，少女长喉结，并不是人们想象的那么可怕，很多是女孩身体发育过程中的一种表现。如果仅仅是喉结增大而无其他异常，也不是由内分泌因素引起的话，那就不必多虑，随着时间的推移和青春期的结束，这些现象自然会消失。如果是由内分泌因素引起的话，只要能找到病因并对症下药，也可缓解症状。

2.喉结大小有什么关系

大部分男孩在过了青春期后都会有喉结出现，可是也有一些男孩的喉结却不明显，这是为什么呢？

有些学者为此做过临床调研，很多喉结不明显的男性，身体并未有什么异样，男性性征很正常，肌肉也很发达，但一般都经历过一些剧烈的运动，其中

还有些是非常健壮的田径、体操运动员等。这些喉结不明显的男性中，绝大多数已结婚、正常生育，且无其他异常表现，内分泌检查也未见异常。

一些专家发现：他们中有一些男性从青春期前就一直从事大运动量的体育训练，也有一些男性在青春期刚开始、身体刚发育的时候就开始手淫。专家认为，这些都这可能导致在青春发育期雄激素的大量消耗而使甲状软骨未能充分向前突出，以致从外观看喉结并不那么明显。另外，还有一些男性因为肥胖或者脖子较粗，喉结看起来也不是很明显。

因此，现在一些医学书刊不再把喉结的突出与否作为判断男性第二性征发育是否正常的标准，也没有治疗的必要，所以，亲爱的儿子，千万不要因为喉结小或者不明显就自卑。

我怎么变成了"公鸭嗓"

是否爸爸的声音一直都是这样低沉、深厚呢？当然不是，我在小时候也有像你那样纯真的童声，后来经过青春期的变声期，才变成了这样低沉、浑厚的嗓音。现在，你的声音变化没有完成，有时候你的声音听起来粗哑尖利、变调，让人尴尬，被戏称为"公鸭嗓"，但这并没有什么好担心的，几个月之后，你的声音就会平稳下来，因为完成声带的发育是需要一点时间的。那么，什么是青春期的变声期呢？下面我们就一起揭开它神秘的面纱吧。

1.为什么声音会变粗

喉的内腔叫作喉腔，喉腔内有声带，左右声带之间的空隙叫作声门。喉肌的收缩和舒张可以使声带拉紧或放松，致使声门扩大或缩小。呼出的气体对声

带产生冲击，从而使声带发出强、弱、高、低等不同的声音。

无论男性还是女性，进入青春期后，都要经历一个变声期，即嗓音由原来不分男女的童声，分别变为低粗的男声和高细的女声，而这一变化，在男孩身上体现得尤为明显，进入青春期后，男孩的喉部迅速发育、喉结前突、声带增长、声带宽度和厚度加大。这时期的声带容易出现肿胀、充血，致使声门闭合不全，发声时往往有嘶哑、音域窄、发声疲劳、发高音困难、咽喉部有异常感觉等症状。

任何人都无法拒绝成长，因此，对于变声，男孩一点办法也没有。可能很多时候，男孩的这种"公鸭嗓"会被人笑话。不过，这正是你成熟的标志，你同伴没被取笑，是因为他们还未成熟，所以，男孩不必为此窘迫。

2.男孩变声期该怎么保护嗓音

每个男孩的成长都要经历变声期，但变声期的长短是因性别和因人而异的，男孩一般在半年到一年左右，男孩在变声期声带容易肿胀、充血，更容易受伤，所以特别要注意保护嗓子。为此，男孩要注意以下几点。

（1）尽量不吃辛辣的刺激性强的食物，因为这类食物会加重声带的肿胀和充血，影响变声期声带的发育。

（2）使用嗓子要注意，不要过度，也就是尽量不要长时间、大声地喊叫，也不要无节制地唱歌，以免导致声音嘶哑、毁坏嗓子。

（3）注意保暖和锻炼，增强抵抗力。避免感冒，才能避免声带的肿胀和充血，而体质的增强，则有利于声带的正常生长发育。

（4）严禁吸烟喝酒。青春期，男孩的身体各个部分都还处于生长阶段，烟酒中的有害物质对青少年的生长发育（包括声带的生长发育在内）是非常有害的。

亲爱的儿子，父母很高兴这样的变化出现在你的身上，希望你能健康地度过青春期，我在成人礼上等着你。

为什么尿尿的地方会有变化

的确，很多青春期的男孩都发现，自己尿尿的地方好像发生了变化。其实，这是生殖器官在发育。

可能不少男孩都会好奇，男性生殖器官包括哪些部分？要了解男性的生殖器官，你需要了解以下内容。

1.阴茎和睾丸

男性生殖器官包括外生殖器和内生殖器两部分。外生殖器主要有阴茎、阴囊；内生殖器主要有睾丸、附睾、精囊、前列腺。阴茎是男性的性行为器官，阴茎的前端为龟头。在婴幼儿时期，龟头外面包着一层皮，称为"包皮"。青春发育加速后，或接近成熟年龄时，包皮会渐渐向后退缩而露出龟头。

睾丸是男性最重要的内生殖器，呈卵圆形，有一对，存放在男性的阴囊内两侧。在胎儿时期，睾丸在人的腹腔中，出生后才下降到阴囊内。

有些男孩的阴囊内没有睾丸，或仅一侧内有睾丸，说明睾丸还在腹腔内没有下降，医学上称为"隐睾症"。应该在两三岁时及早进行手术治疗。

睾丸的主要功能有两个：一是产生精子；二是分泌雄性激素。

附睾附在睾丸上方，主要功能是储存睾丸所产生的精子，同时，它所产生的分泌物是精子的营养物，促进精子的进一步成熟。精囊位于膀胱底，功能是分泌黄色黏稠液体并参与组成精液，有增加精子活力的作用。前列腺为一实质

性器官，它分泌的乳白色液体是精液的主要成分。

2.阴茎会长到多大

很多青春期男孩认为自己的"小弟弟"发育不正常，阴茎不够长，但又羞于启齿，不知道自己是不是真的有问题。

对于男性，正常成人阴茎勃起后长11~16厘米，自然状态下长7~9厘米，周长6.9~9.4厘米。大多数男性的性成熟期是18周岁，阴茎就基本发育得差不多了，如果有一些病症的话，可能会出现我们说的青春期发育迟滞。

男性阴茎大小和许多因素有关，如身材高矮、胖瘦等，因此，会有长短不一、粗细不齐的差异。此外，即使同一个人，在不同状态下，阴茎的大小和长短也会不稳定，如紧张、寒冷或严重疲劳时都可使阴茎短缩，当然，还有很多其他因素，所以很难单纯从长度上判断阴茎是不是正常。

床单湿湿的，我又尿床了吗

青春期的男孩子发育到一定阶段，便会遗精，很多男孩对于遗精感到惶恐不安，甚至觉得可耻，更不敢让人知道，好像做了什么见不得人的事似的。其实，它是一种正常的生理现象，是发育成熟的一种标志，一般来说，男孩遗精多数发生在梦中，首次遗精年龄多为13 ~ 15岁，比女孩月经初潮平均年龄约晚2年，但11 ~ 18岁首次遗精也正常。也有报道，首次遗精的最小年龄为10周岁。

男孩遗精，实际就是人们常说的"精满自溢"的结果。由于男性的睾丸是产生精子的器官，随着年龄的增长，生殖器官成熟，睾丸每时每刻都在产生精

子，精囊和前列腺等也不断分泌精浆，这样精液在体内不断地积蓄，当达到一种饱和状态时，就会通过遗精方式排出体外。任何一位发育健康的男性在青春期及以后都有可能发生遗精现象。遗精是自发的、不随意的反射活动，不能受人的意识所控制，遗精与思想不纯或道德品质好坏无关，因此，并不是什么可耻的事情。

所以，很多时候，有些男孩子在睡梦当中，阴茎会排出黏糊糊的液体，早上醒来一看内裤或被褥潮湿一片。

一般来说，男孩每月遗精1~2次，有时稍多几次，均属正常生理现象。少男首次遗精是性成熟的标志之一。

1.遗精也有周期吗

每个男孩都会经历成长这一过程，也就会有成长的烦恼，但对于遗精，男孩不必苦恼，这是正常的生理现象，并还有一定的周期。一般说来，几个月发生一次或1~2周发生一次都属正常。

但也有一些男孩子频繁遗精，甚至一有性的冲动立即发生滑精，这是性中枢过度疲劳的表现，往往是由于性刺激和性兴奋过度引起的。对于这种情况，只要男孩有意识地克制自己，尽量远离那些性刺激，让性中枢得到休息，滑精现象会慢慢减少。如果男孩遗精太过频繁，那么就不能忽视了，应接受咨询或治疗，排除滑精是由于生殖器官发育异常导致的这一原因。

很多男孩遗精后，会手足无措，对此，男孩要懂得处理：遗精后，一般简单用卫生纸清除排出物，及时擦拭、清洁局部皮肤即可。初次遗精后男孩要尽量避免穿紧身内裤，因为内衣过紧会增加对阴茎头的摩擦，容易引起性冲动。日常生活中，更要注意卫生，也要注意保持外生殖器的清洁，避免包皮垢刺激龟头。内裤应及时更换，换下的内裤应随即清洗，并在阳光下暴晒。另外，对

于遗精次数多少算是正常，恐怕很多男孩不清楚，这是判断自己身体是否健康的一个重要依据。

对于青春期的男孩，如果一个月遗精2~3次属于正常现象，这并不是什么见不得人的事，也不必为此感到羞愧和不安，只要做好遗精后的处理工作就好。但如果遗精次数过多，以及在清醒状态下遗精，均属于不正常现象。不正常遗精是因为遗精者思想过分集中在性问题上，或有手淫的不良习惯。当然，有些身体因素也会导致遗精过多，如包皮过长、尿道炎、前列腺炎，以及身体虚弱、劳累过度等。

2.如何才能自我控制遗精的次数

首先，懂得自我控制和节制，要有毅力。

其次，多转移注意力，培养正当的爱好和高尚的生活情操。除去正常的学习之外，业余时间多参加文娱、体育活动；或到户外散散步，做些轻松的运动。

睾丸是什么

关于睾丸，有哪些是青春期的男孩应该要了解的呢？

1.睾丸的结构是怎样的

睾丸分内外两侧面、前后两缘及上下两端，内侧面比较平坦，与阴囊隔相贴附；外侧面隆突，与阴囊外侧壁相贴附；前缘游离而隆突；后缘较平直，又名睾丸系膜缘，与附睾及精索下部相接触。

睾丸是一个实质性器官，其表面由睾丸被膜所包裹。睾丸被膜包括鞘膜脏

层、白膜和血管膜三部分。

鞘膜脏层是睾丸被膜的最外层，很薄，与贴附在阴囊壁的鞘膜壁层之间有一个很窄的鞘膜腔，正常时仅含有少量液体，起润滑作用，可减少睾丸活动时的摩擦。鞘膜脏层是一种扁平的间皮，其核稍突向鞘膜腔。细胞表面有微绒毛，人类微绒毛较多较长。胞质中线粒体细小，内质网散在，另在胞质中有很多小囊泡。在细胞基部围有一层基膜，将鞘膜脏层和白膜分开。

白膜较厚，是致密的纤维膜，含有大量的胶原纤维和成纤维细胞。人类白膜内还有平滑肌纤维，且成层分布，表层纵行，与睾丸长轴相平行，深层呈环形。在睾丸后缘，白膜增厚形成纵隔，称睾丸纵隔。人的睾丸纵隔位置比较表浅，沿着睾丸的附睾缘分布；而豚鼠等动物的睾丸纵隔比较薄，为轴心纵隔。由纵隔发出一系列小隔伸入睾丸实质，将睾丸分成200~300个睾丸小叶。每个小叶包含有1~4条高度盘曲的曲细精管。曲细精管汇合成直细精管，进入睾丸纵隔，形成睾丸网，最后汇集成8~15条睾丸输出小管。除一般结缔组织成分外，还有间质细胞，能分泌雄激素。

血管膜是睾丸被膜的最内层，薄而疏松，与睾丸实质紧密相连，并深入曲细精管间，难以分离。

2.附睾有什么作用

附睾"地址"隐蔽，看似不起眼，却是精子的必经之路，又是精子发育、成熟的"摇篮"，有着重要的生理功能。附睾紧贴睾丸的上端和后缘，可分为头、体、尾三部。头部由输出小管盘曲而成，输出小管的末端连接一条附睾管。附睾管长4~5米，盘曲构成体部和尾部。管的末端急转向上直接延续成为输精管。附睾主要有以下功能。

（1）促使精子成熟

有动物实验表明，附睾决定着精子是否具有受精能力。如果去除附睾，把输精管和睾丸输出小管直接相接，那么从输精管排出的精子没有受精能力；而如果将输精管和附睾头部1厘米左右处相接，那么精子具有受精能力。

为什么会这样呢？这是附睾的特殊生理机制决定的。有专家解释，附睾头部对精子的发育和成熟有着重要的促进作用，因为附睾能分泌与精子的代谢、成熟、正常生理功能息息相关的甘油磷酸胆碱、肉毒碱、糖蛋白及多种酶等营养物质，使得精子在附睾管中"漫游"时能吸收到这些营养物质，促进精子的发育与成熟。

（2）储存精子

进入附睾之后，精子一般要停留19~25天，附睾内部的液体偏酸性，渗透压高，含氧量低，二氧化碳含量高，精子处于静息状态，若没有被及时排出，精子会储存在附睾尾部，可以存活28天甚至更长时间。

（3）吸收功能

附睾中有吞噬细胞，没有排出体外的精子会被附睾的吞噬细胞逐步解体和吸收。

（4）免疫屏障功能

附睾还有屏障的功能，阻止精子进入附睾上皮，避免自身发生免疫反应。

由此我们可以知道，附睾对于男性是多么的重要。但实际上，附睾和阴茎一样，也是脆弱的，同样需要保护。

附睾容易感染炎症，诱发急慢性附睾炎，急性附睾炎多由泌尿系前列腺炎和精囊炎沿输精管蔓延到附睾所致，而急性附睾炎治疗不彻底可能会变成慢性附睾炎。附睾炎会导致阴囊肿胀疼痛，疼痛还会辐射到下腹部和大腿根部，使

行走不便。慢性附睾炎会造成输精管增粗、精索增厚，双侧附睾出现病变有可能造成男性不育。

因此，尚处于发育期的青春期男孩，附睾"地址"虽隐蔽，但千万不要忽视，要养成良好的生活习惯，注意劳逸结合，不吸烟不酗酒，避免长时间久坐，要保护附睾。

3.青春期，睾丸会长到多大

进入青春期的男孩，对这个问题都比较关注，很多人都担心自己的睾丸太大或是太小，那么，青春期，睾丸一般会长到多大呢？

首先要了解各个不同年龄时期睾丸的正常体积。10岁前，睾丸发育处于相对静止期，体积仅1～3立方厘米。10岁以后进入青春期，睾丸加速增大。到了18岁，睾丸体积即达到成人水平，为12～25立方厘米。60岁以后男性进入性衰老阶段，睾丸体积逐渐缩小。

受各种因素的影响，男性的睾丸在大小上是有差异的，并不是睾丸大或者是小就会有问题，只要不影响性功能和生育问题，就是在正常的范围内。由于遗传、营养、饮食等方面的因素，各人睾丸大小有一定差异，但大小只要在正常范围内，都不会影响性功能。一般来说，要是一个人的睾丸体积小于12立方厘米，那就说明睾丸发育不良或萎缩，生精功能将受到影响。但虽无生精功能，性功能依然存在。倘若睾丸体积小于6立方厘米，则说明睾丸中控制性腺分泌的间质细胞出现了故障，性功能则会很弱。

满脸冒痘，可怎么办

青春痘，俗称粉刺，学名痤疮，是一种皮脂腺疾病，它的形成与雄性激素的分泌有关，因此长粉刺的男孩明显比女孩要多，所以说青春痘更偏爱男孩。

青春痘是青春发育期的暂时现象，随着青春发育的完成，它会自然减轻和消退，到35岁左右便自愈。因此，男孩不必为此焦虑。青春痘一般不需要治疗。如果症状较严重，就要引起重视。处理不当便会留下后患，造成面部麻点或疤痕而影响美观。因此，爱美的男孩，要预防青春痘，以下是几个预防措施。

1.注意保护皮肤

要注意保护自己的皮肤，清洁是第一步，但要注意正确的清洁方法。

首先，要经常清洗，不可偷懒，这样才能保持皮肤的干净清爽。一般人在晨起、午休和晚睡前各清洁面部一次，而皮肤油性较大的男孩，应当增加洗脸的次数。外出回家后应该及时洗脸，将脸上的脏尘和油垢洗掉，避免污物堵塞毛孔。

其次，洗澡洗脸尽量不要用过烫的水，也不要用刺激性太强的香皂或肥皂。

再次，要注意保护自己的皮肤。避免经常被阳光直晒，太阳直晒不仅有紫外线的伤害，也会令汗腺及皮脂腺的分泌活跃，阻塞毛孔，加速发炎；有痤疮不要用手去挤压，以免发炎，留下瘢痕。

最后，洗脸以不油为宜。洗脸的效果以外观不显得油光满面为宜。至于清洁的护肤品，如果油性皮肤的男孩选择具有油腻性质的护肤品无疑雪上加霜，

很容易堵塞毛孔而产生粉刺和青春痘，所以皮肤油性较大的男孩适宜选用稀薄奶液状的化妆品或护肤品，可以控油、清洁、去痘。

2.合理膳食

俗话说，病从口入。痤疮虽然不是什么疾病，但也是和饮食有很大关联的。你想要一张干净、没有痘痘的脸，就要学会合理饮食。宜多吃清淡的食品，如瘦猪肉、黑木耳、黄瓜、西红柿、黄豆等；少吃脂肪和甜食，如动物肥肉、鱼油、动物脑、蛋黄、芝麻、花生及各种糖、糖果和含高糖的甜瓜、香蕉、红薯、枣类等；少吃或不吃辛辣刺激的食品，如烟、酒、咖啡、辣椒、大蒜等。

另外，应多吃碱性的蔬菜和水果，应多吃含锌和维生素A及胡萝卜素的食品。早餐应多吃些含淀粉类、B族维生素和无机盐的食物。晚餐应多吃些植物蛋白及脂肪含量少的食物。

3.保持乐观的情绪

皮肤是心情的一面镜子，男孩在平时应注意保持心情舒畅，消除精神紧张、焦虑、烦恼，保证充分的休息和睡眠。

亲爱的儿子，长了痘痘不要着急，爸妈让你知道这些，是希望你能用正确的心态面对痘痘，这对于痘痘的愈合也有帮助。本来青春期就是烦恼不断的年纪，要懂得调节自己的心态，生活中自然没有太多烦恼。

竟然和爸爸一样开始长胡子了

胡子是男性的第二性征，也是男性区别于女性的一个重要特征。男女在幼

年时候并没有多大的区别，但随着青春期的到来，男女性都成熟起来，在生殖器官发育的同时，男性第二性征也随之发育。

在男性第二性征出现的过程中，毛发的变化最为突出。胡须在腋毛出现后一年左右出现，也可更早一些。此时，额部的发际逐步后移，尤其于两鬓角处凹入，而成为特殊的男性型发际，这些迹象表明，这个男孩已接近性成熟期。这时候，男孩就由一个调皮可爱的小淘气变成了身材魁梧、肌肉发达、声音低沉洪亮的堂堂男子汉。而维持男性这类第二性征靠的都是睾丸所分泌的雄激素。

当一个小男孩突然长出胡子后，会给人一种怪模怪样的感觉，男孩自己可能也会感到不自在，其实，这是一种正常的生理现象，不必为此感到羞愧，因为这是你已经长大成人的标志。

胡子是男子汉的特征之一。男孩到了青春期就会逐渐长出胡子来，由少到多，由细到粗，越长越旺盛。可是有的男孩不喜欢长胡子，总是一根一根地把胡子拔掉，这是一种很不好的习惯，甚至招来疾病。

胡子也属于毛发的一种，其下有毛囊、皮脂腺、神经末梢和血管。如果男孩为了美观而拔掉胡子，疼痛不说，还容易造成毛囊及皮脂腺损伤，细菌会乘虚而入，引起毛囊炎、皮脂腺炎。更为严重的是，胡子所处的位置正好是面部危险三角区，如果胡子被拔掉，很可能造成细菌感染，然后细菌侵入颅内，引起脑膜及大脑的感染，给人体带来更大的危害。因此，为了身体的健康，男孩切记不要随便地拔胡子。

可见，拔胡子没有好处，反倒可能引起一系列健康问题。等到胡子长到一定长度时用剃须刀刮一刮，才是最适宜的处理方法。那么，什么时候可以打理胡子呢？男孩一般要等到毛发发育完成的时候，再去刮胡子，一般情况下要到

20岁左右，而且一定要注意正确的打理方法。

正确的剃须方法如下。

先用温水净面，待毛孔放松张开、胡须变软时再开始剃须。操作顺序为鬓角、脸颊、脖子、嘴唇周围及下巴。

剃须后，用温水洗脸，再用凉水冲一遍，以利于张开的毛孔收缩复原。然后，涂些润滋液、霜等，以安抚皮肤，减少刺痛。

为了美观、卫生，胡须浓密的男性需要经常剃须，刮胡子最好选择在早晨，因为此时脸部和表皮都处于放松状态。

亲爱的儿子，对于脸部胡须，其实，你做到面部干净即可，胡须是男人成熟的标志，不必过于在意。

第2章

私密问题可以见光，男孩别困扰

　　青春期是人的身体发育时期。青春期到达前的一段时期，男孩身体的各个部分几乎"按兵不动"。然而一旦步入青春期，这些部分的发育又变得"势如破竹"，十分迅猛。青春期的男孩开始从调皮的小男孩变成一个真正的男子汉，但也开始有了一些不能说的秘密。例如，对性的冲动和幻想，对生殖过程的疑惑等。男孩也是羞涩的，其实，这些并不是秘密，大方对待，就可以让自己快乐、健康地度过青春期！

为什么早晨老有硬邦邦的感觉

所谓的晨勃，是男子常有的早晨清醒前出现的阴茎勃起现象，医学上称为清晨勃起，简称晨勃。晨勃和憋尿无关。

那么，什么叫晨勃？

晨勃是指男性在清晨4~7点阴茎无意识自然勃起，不受情景、动作、思维的控制。晨勃是性功能正常及强弱的重要表现或指标。男性为什么会晨勃，目前在医学界仍无定论。男性不仅清晨会勃起，睡眠时也会勃起。一般每天晚上会有3~5次的勃起，每次勃起的时间，平均15分钟，但也有长达1小时之久的。

关于清晨或睡眠时阴茎勃起的确切机理，至今尚未研究清楚，但清晨阴茎勃起是男子的一种正常的生理反应，已肯定无疑。由于男子的个体差异，每天所产生的变化也不尽一致，即勃起的硬度粗度、持续时间都不同。只要神经、血管及阴茎海绵体结构与功能正常，就会出现这种现象。这个时候，阴茎的勃起不受心理因素的干扰，可以单纯表现出阴茎的结构和功能状况。这一特点，对性功能的研究及治疗，提供了极重要的指标。

男性的晨勃是正常的生理现象，男子在20~30岁时，清晨勃起的次数增多，到了中年时期则开始减少。男子在疾病期间，清晨阴茎勃起的现象会消失；当身体康复后，阴茎勃起的现象又会出现。有时由于精力不佳或状态不好，晨勃不明显，不过这对健康没有什么不利，晨勃现象也并不是每天都会出现的，但是在较长的一段时间没有这种现象就是问题了。因此，阴茎清晨勃起

现象，可以作为观察男子精力和健康状况的参考指标之一。

正常男子的阴茎，在直接的性刺激或某些与性有关的语言、文字、画面、场景等外界环境刺激下，都会勃起。假如不能勃起，有人担心就是阳痿了。其实，阳痿有心理性和病理性两种情况。两种情况的处理方式是不同的，心理性问题只要进行心理辅导，释放心理障碍，就可以恢复正常，并无器质性病变；病理性问题，则要通过一系列检查治疗，从根本上解决问题，才有可能治愈。

精子是什么样子的

那么，什么是精子呢？精子又是什么样子的呢？

1.精子

男性的精子是非常小的，肉眼是无法看到的，但通过仪器还是能看出其大致形状的，光学显微镜下精子的头呈扁平卵圆形，正面呈卵圆形，侧面是梨形。

成熟的精子，看起来非常像小蝌蚪，分为头、颈、中、末四部分。在它的头部有一个顶体，是一种特殊的溶酶体，有助于受精过程中穿透女性体内成熟卵子的外壳。

（1）精子头部呈卵圆形，长4~5微米，由细胞核、顶体和后顶体鞘组成。

细胞核位于头部中央，核内有染色体浓缩形成的不规则形态的携带遗传信息的核泡。

顶体是覆盖头部的帽状结构。其内含有多种水解酶——顶体酶。当精子与卵子相遇时，顶体酶释放出来，溶解卵周放射冠之间的透明带，使精子容易穿

入卵子内形成受精卵。

后顶体鞘能识别卵细胞膜，并与之融合。当后顶体鞘缺乏时，可造成不孕症。

（2）精子头与尾相连的部分，主要作用是储存能量。

（3）精子的尾部也叫鞭毛，长约45微米，精子就是靠它向前游动的。

2.精液

男性的精液是指睾丸产生的精子和前列腺、尿道球腺等所分泌的液体组成的混合物。包括精子和精浆两部分。精子在睾丸中产生，并悬浮于精浆中，精浆起到保驾精子的作用。

正常精液为乳白色蛋清样，如因节欲时间过久而未射精，可呈淡黄色。新排出的精液有特殊的腥味，具有高度的黏稠性，呈凝胶状，离体后20~30分钟可完全自行液化呈流体状。一次射精的精液为2~6毫升，少于0.5毫升者为精液过少。每毫升精液中含精子1亿~2亿个，过于频繁的射精可减少精液量和精子数量。若把精子按一定比例放在特定的营养液中观察，正常精子活动持续时间不应少于3小时，排出体外的精子在37℃时，约经8小时就失去生命力。正常精液中活动良好的精子占85%~90%，无活动力或死精子不能多于10%~15%。如果精子过少或活动力太低，或畸形精子和死精子比例太大，则受精就会明显降低，甚至造成不育。正常精液呈弱碱性，pH在7.5左右，若pH低于7.2或高于7.8者都属于不正常。

精液排出接触空气后呈凝胶状，20~30分钟后液化，这种液态变凝胶、凝胶又液化的转变过程，与精液中所特有的酶体系统有关。如果这一酶体系统异常，就会发生精液不凝固或不液化等病理现象。

正常射精过程有一定的顺序，在射出的第一部分里有精子、副睾液、尿道

球腺的分泌物和前列腺液；射出的第二部分主要为精囊腺的分泌物。所以，第一部分比第二部分的精子数多且有较好的运动和生命活力。射精过程的这种规律顺序是由于排精管道和各附属腺上的平滑肌的收缩顺序不同而引起的。如果射精过程中肌肉收缩的正常顺序发生紊乱，射精顺序也就发生紊乱，将导致射精异常性不育。

包皮有问题怎么办

包皮是指阴茎皮肤在阴茎头处褶成双层的皮肤，在婴幼儿期包皮较长，包绕阴茎使龟头及尿道外口不能显露，称之为生理性包茎。随着年龄的增长，阴茎和包皮逐渐发育，到青春期时，包皮向后退缩，至成人期龟头露出，但是约有30%的成人包皮仍完全盖住阴茎龟头。包皮不仅是男性生殖器官的重要组成部分，而且具有重要的生理意义。

包皮过长关键在于一个"过"字，包皮长不一定需要手术，包皮过长是需要手术切除的。包皮过长是指男性青春发育期过后，在阴茎勃起状态下包皮仍遮盖尿道口。但如果在阴茎勃起状态下，包皮退离尿道口或阴茎头能伸出包皮口，就不应视为包皮过长。

包茎是指龟头与包皮粘连，包皮不能翻动。包茎有完全粘连与部分粘连之分，有些包茎粘连较紧，需手术分离；有些包茎粘连较松或部分粘连，在无炎症情况下，包皮可上翻，如使粘连逐步与龟头分离，包皮多能翻至冠状沟部。对伴有包皮口狭窄的包茎，手法上翻包皮、扩张包皮无效时应手术，分离粘连并切除包皮。

那么，包皮过长有何危害呢？

包皮过长在男性疾病中虽然称不上什么大病，但却很普遍，危害也很大。因此，我们不能忽视。

包皮过长本身没有可怕，但会引发一些感染性疾病。例如，在排尿后，最后的几滴尿液不易排尽，往往积聚在包皮内，加之包皮、龟头表面坏死脱落的细胞及分泌的黏液物质，直肠会阴部的污染等因素，在温暖湿润的环境下极易形成一种白膜似的物质——包皮垢。

包皮垢如若长时间停留在包皮长上得不到彻底清洗，就会对包皮、龟头产生刺激，最终可导致其他疾病，如包皮龟头炎、包皮结石、包皮色素脱落形成的白斑病，诱发早泄和阴茎癌，局部长期存在炎症，会出现免疫功能障碍，通过不洁的性生活还更容易染上淋病、尖锐湿疣等性传播疾病，据有关资料统计：包皮过长患者患阴茎癌的概率是正常人的几十倍。

因此，青春期男孩一定要重视生殖器官的清洗，发现包皮过长，要及时治疗，以免引发疾病。

包皮过长，临床表现多为一些局部的炎症，时间一长形成包皮垢则会有异味，必须找出解决的办法。

针对包皮过长，青春期的男孩羞于去医院看病，就会自己服用一些抗生素类的药物，加外洗清洁。这种方法，虽然能将炎症控制住，但治标不治本，一段时间后就又出现上述症状。多次使用抗生素层产生抗药性，而且真菌感染引起的包皮龟头炎，使用抗生素药往往会使病情加重。

因此，对于包皮过长与包茎的男性，必须在清洁消炎的基础上，手术将过长的包皮或包茎彻底从根本上解决了，这是目前比较有效的办法。

私密部位发炎生病怎么办

包皮发炎多见于青少年和儿童，常因包皮过长、包皮垢，在未注意局部卫生时，使包皮内污垢积聚加上细菌感染后发病。

包皮炎和龟头炎经常并发，所以经常把它们合称为包皮龟头炎。其主要临床症状有：局部潮红，瘙痒，肿胀，灼热，甚至有分泌物渗出，呈恶臭味，严重者可出现寒战、高热等全身不适的症状。

引起包皮龟头炎的原因有：不洁性交，感染了白色念珠菌、滴虫、衣原体、支原体、淋病双球菌或其他细菌；非感染因素多是由于包皮过长，清洁不够，致包皮垢长久堆积起来，刺激局部的包皮和黏膜发生炎症。

包茎或包皮过长时，包皮内皮脂腺的分泌物不能排出，并逐渐形成奇臭的包皮垢。包皮垢适宜细菌生长，故可引起阴茎头及包皮发炎。

包皮发炎是一种生殖传染疾病，为此，男孩要做好预防工作，平时要注意卫生，多喝水，少食辛辣刺激性食物。另外，最重要的是，平时也应该经常用温水清洗外阴，而洗澡时，应将包皮翻转，洗净包皮囊内的包皮垢，是预防包皮发炎最简单而又行之有效的办法。

包皮垢的慢性刺激和阴茎头包皮炎的反复发作，也是引起阴茎癌的重要因素，所以早日施行包皮环切术对预防阴茎癌有一定意义，而且对包皮发炎治疗有很大帮助。一般来说，手术过程创伤小，无痛苦，术中出血少，不留疤痕，也不会影响患者正常的工作学习。但建议男孩到正规医院男科检查诊治。医生会为你先消炎，待炎症治愈后，再为你实施包皮环切术。这样做可以有效降低患龟头炎的概率。

私密部位的毛发是怎样的

随着年龄的增长、睾丸的成熟，在雄性激素的作用下，男性第二性征日益明显。十二三岁以后，逐渐出现一些特征：体毛、胡须、腋毛长出；变声及喉结增长；睾丸和阴茎变大；分泌精液以至出现遗精；骨骺愈合，身材高大，肩宽，皮肤粗糙。

阴毛是人体的第二性征之一，一般来说，女孩11～12岁，男孩14～15岁，开始长出阴毛，青春期男孩如果到十七八岁还不长阴毛，就很可能存在发育不健全的问题，需要观察睾丸、阴茎、胡须、喉结、声调等方面有无异常表现。如果存在多种其他不正常表现，可能意味着内分泌系统或染色体出了毛病，应及时就医。

但如果不存在其他指征，那么很可能是阴毛生长受体有缺陷，导致阴毛稀少、柔软；而生长激素缺乏或者对雄激素不敏感时，则阴毛不生长，这时很可能伴有腋毛和其他体毛的稀少，也可能具有家族史，但这种单纯的体毛生长异常对整个身体健康和生殖健康并无影响。

事实上，阴毛少对于人体并没什么影响，而对于一些青春期男孩来说，他们发现同龄人的性器官比自己的大，胡子比自己的浓，阴毛比自己的密等，就自卑，甚至以为自己是不是生了什么病，其实，这些都不必惊慌，因为属于病理情况的只是少数。

可见，男性的第二性征有多种表现，它们出现的早晚和先后顺序难免有所差别，只要不存在其他问题，就大可不必为之烦恼。

为什么成年人的阴部颜色深

进入青春期的男孩都会对男性生殖器官产生好奇，也会对为什么成年人的阴部颜色深而感到疑惑，其实，有以下三个原因。

1.色素沉着

随着青春期的发育，性器官逐渐成熟，雄性激素会增加，阴部会有色素沉积，随着年龄的增大，阴部的颜色就会逐渐加深。

2.性生活

一般来说，相对于未成年来说，成人一般都有性生活，阴部也会因为异性的抚摸和亲密动作而使得阴部颜色加深，因此，不少人会把阴部颜色深浅作为纯洁的象征。

3.肤色差异

可能不少人认为，阴部颜色深是性生活多导致的。确实长久的性生活可以导致这种现象，不过也因人而议，没有绝对性，有人是天生颜色深，就像皮肤一样，有人白有人黑，有些后天的因素也可能影响阴部颜色，如食物、体内激素等。

总之，亲爱的儿子，爸爸告诉你这些，是希望你能明白，学习青春期的生理知识，不要觉得不好意思，有疑惑可以问爸爸。你会慢慢长大，成为一个顶天立地、帅气的男子汉！

阴茎为什么有时偏向一侧

有些发育期的男孩子的阴茎有时候会偏向一侧，就以为自己是不是有什么

问题，其实，阴茎有时偏向一侧是正常的。因为阴茎由三条海绵体组成，三条海绵体的充血程度不完全相同。充血不等就使阴茎的勃起不一定正对前方，而偏向一侧，或向上翘，并不一定形成90°的角。同样，阴茎疲软后，也不一定是指向下方，有时也可能指向前下方，这也是由阴茎海绵体疲软程度不同而形成的，都属正常现象。实际上，大多数男子的阴茎在不同程度上会向某一方向弯曲偏斜，男孩不必自卑。

但也有少数情况是由于疤痕、系带过短、尿道下裂、阴茎硬结症等引起的勃起弯曲，伴随有阴茎勃起疼痛，这种情况才需要治疗。

有的男孩由于先天性的阴茎发育不良或后天的疾病造成勃起后弯曲。先天因素如尿道下裂，双侧海绵体发育不对称，阴茎海绵体周围存在异常纤维组织，先天性包皮系带过短。后天因素如包皮环切术时，包皮切除过多；阴茎有外伤或感染史，局部形成瘢痕，特别是性病引起的后遗症；还可能是一种特殊疾病——阴茎硬结病所引起的，这一疾病的特点是阴茎上有结节状或条索状硬结。后天性因素造成的勃起后弯曲建议到医院就诊，可通过先进的诊断技术来确诊，针对性治疗是完全可以治愈的。

亲爱的儿子，听完爸爸的这些解释，你应该可以安心了，阴茎偏向一侧并不是什么身体疾病，你不必在意。

阴茎大小有什么区别

其实，阴茎的粗细和长短不可定论，因为，阴茎本身的构造有其特殊性，阴茎是由海绵体组成的，具有很大的胀缩性。

阴茎在勃起时由三个充满血液的空腔海绵体组成，这三个海绵体空腔行使了阴茎勃起组织的功能，而龟头和尿道海绵体为勃起提供了体积，一对阴茎海绵体为勃起提供了硬度。血液充斥阴茎勃起组织的空腔海绵体，和海绵吸水后胀大的原理一样。成人阴茎勃起后长11~16厘米；自然状态下长7~9厘米，周长6.9~9.4厘米。作为大多数男性的性成熟期是18周岁，阴茎基本发育得差不多了。

怎样才算是阴茎发育不正常呢？阴茎在青春期前短于2.5厘米，青春期后短于5厘米，而且发育不正常，没有勃起功能；特别是第二性征发育不良，性功能障碍，无生育力，无精子，方可认为是阴茎发育不正常。

因此，正常的阴茎长度究竟是多大尚无统一标准。先天性小阴茎，是一种极少见的疾病，其发病原因可能和其母亲妊娠期间雄激素分泌不足、遗传因素等有关，经医生检查才能确诊。

事实上，成年男性的阴茎在勃起时增大的幅度较大，而较大的阴茎在勃起后增大的幅度则较小。由此可见，阴茎在常态下长度差异较大，而勃起时的长度差异较小，且均可达到正常性功能需要的大小。

当然，阴茎大小是相对比较而言的，的确有大有小，如同人有高矮、手脚有大小一样，也有差异性，阴茎的大小长短存在种族差异和个体差异，青春期男孩，只要阴茎在青春期之后较青春期前有显著增大，就是正常的。相对小一点并非异常。阴茎过于短小即真正的小阴茎是罕见的。

同时，性器官发育趋向成熟的青春期男孩和成年人也有所不同。每个人进入青春期的年龄不同，发育情况也有差别，所以相同年龄男性和完全发育成熟后的男青年阴茎的长短、粗细都会有些不同，这是正常现象，青春期男孩不要担心。

睾丸两边不对称或隐睾怎么办

可能所有青春期的男孩都会关心这个问题——睾丸两边不对称怎么办？怎样的睾丸是异常的？对此，你需要了解以下两个问题。

1.两侧睾丸不对称怎么办

正常人的睾丸两侧并不是一样大的，而是有一定的差距，只要两侧的大小都在正常的范围内，一般是不会影响健康的，也不会造成不育。但是有的男性两侧睾丸的大小差异非常明显，这有可能是因一侧的睾丸先天发育不良造成的，也有的人因小时候腮腺炎伴发睾丸炎，破坏了睾丸的细胞，造成睾丸萎缩。如果两侧睾丸一直对称，但是突然出现一大一小的情况，还有发烧、疼痛等症状，则有可能是睾丸炎造成的。

如果两侧睾丸的大小差距很大，则需要及早到医院查明原因；如果是因疾病导致的，要及早治疗，否则极有可能造成男性不育。

2.隐睾是怎么回事

隐睾又称睾丸下降异常，是指在胎儿正常发育时，睾丸下降的过程中出现停留，不再下降。这是男性生殖器官先天性异常中最常见的一种疾病。隐睾在男性婴幼儿出生时发生率为3%~4%，但大多数出生后几个月内可自然下降至阴囊内。经统计，出生后超过1年睾丸仍未下降入阴囊的发生率约为0.7%。

男性胎儿在母体发育时，其睾丸的下降过程发生障碍，"抛锚"于下降途中，阴囊里找不到睾丸，就发生了隐睾症。究其原委，主要有以下几个因素。

（1）解剖因素。解剖因素有以下几种。

①睾丸系膜与腹膜发生粘连，使睾丸无法向下。

②在胚胎期，睾丸系带很短或缺乏，使睾丸不能充分下降。

③精索的血管或输精管太短。

④睾丸的血管发育异常，弯曲或皱褶，从上方牵拉而限制睾丸下降。

⑤睾丸体积过大，腹股沟管过紧或外环远端进入阴囊的口缺乏，则睾丸无法进入阴囊内。

⑥阴囊发育异常，阴囊太小，容不下睾丸。

（2）遗传因素。有部分男性之所以会患隐睾症，与遗传因素有关，他们有明显家族史，当然，这也不是绝对的原因。

（3）内分泌因素。睾丸下降要有足够的动力，即要依靠母体的促性腺激素刺激胎儿睾丸间质细胞产生雄激素，如果有以下两种情况，也可能发生隐睾。

①睾丸本身有缺陷时，对促性腺激素不产生下降反应。

②因睾丸下降发生在血液中促性腺激素浓度很高时，所以若母体促性腺激素匮乏，也会导致睾丸下降不全。

在公共场合阴茎勃起该怎么办

“小弟弟”在公共场合不由自主地勃起，这是为什么呢？阴茎勃起是男性的一种本能，有时并非由人的意志所决定，而是由一系列的反射活动所引起的。

青少年阴茎勃起现象就更为频繁。因为青少年进入青春发育期以后，随着身体的发育，性器官也会逐渐发育成熟，自然就会产生性意识，会产生一定的性冲动和性欲望。尤其是在生活中受到一些有关性的刺激，例如，看爱情电影、书刊，情侣亲吻，紧身裤的摩擦等，都有可能产生性欲望，引起勃起。这

一切，都不是病态，也不是耍流氓，而是正常生理现象。

当出现生理反应时，不要过分紧张，也不要羞怯，可选择静坐一旁待生理反应慢慢平复。总之，无须过虑，就让它自然地随时间平复过来就好了。

其实，上述这样的情况，不少成熟男性都遇到过，勃起是所有性功能正常的男性普遍存在、会自发产生的生理现象，是性能力成熟、健康的表现。

因此，面对公共场合遭遇的"尴尬"，男孩们，你应该首先检查自己是否穿着过紧的内裤、牛仔裤，或者挤车时有无不经意的阴茎摩擦，因为两个因素都可能导致它容易勃起。

在排除以上这些因素后，你可以采取以下方法来解决这一问题。

（1）转移注意力，专心致志地去做一件令自己感兴趣的事，而不要去关注自己有没有勃起。

（2）发现勃起时小便一次，因为通常在膀胱尿液排空后，阴茎会自然而然地疲软下来。

总之，青春期男子受刚刚增高的雄激素水平影响，对性刺激尤为敏感。阴茎受刺激后容易勃起的现象完全正常，它既不是病，更不是见不得人的事，为此，亲爱的儿子，如果你也遇到这种情况，你不要为此感到羞愧。因为你没有发现周围男生的勃起现象，很可能是他们掩饰得比你好。

第3章

青春期也可以很帅气，平静接受自己的不完美

成长是快乐的，但也伴随许多困惑，尤其是青春期男孩，会有许多成长的烦恼。但这些烦恼是暂时的，用平稳的心态接受这些暂时的烦恼，不断充实自己的内在，会让你的青春期度过得更充实、愉快！

为什么体毛开始一下子变多了

体毛属于第二性征。在生殖器官发育的同时，男性第二性征也随之发育。所谓性征，就是指区别男女性别的一些特征。每一个人生下来便可以确定是男是女，是以生殖器官来区分的。而男女生殖器官的差异称为第一性征，也称作主性征。当步入青春发育期以后，男女除生殖器以外，在外观及体形上的差异称为第二性征，又称副性征。

在男性第二性征出现的过程中，最为明显的就是毛发的变化，其中最早出现的是阴毛。一般来说，男孩在14~15岁，其阴部会长出阴毛：先是出现于阴茎根部的两侧，以后逐渐向会阴部蔓延，颜色由浅变黑，变得粗而卷。

当然，体毛出了阴毛外，其他部位也会长出一些毛发。胡须是在腋毛出现后一年左右出现的，也可更早一些。

男孩们，对于青春期身体毛发的生长情况，也许你还会有一些疑问。

1.阴毛和腋毛少是否是发育不好

对于这个问题，前文已阐述，这里不再赘述。总之，阴毛和腋毛少对人体并没什么影响。

2.男子过了年龄仍不长阴毛是怎么回事

阴毛稀少并不一定是病理问题，但如果男子到了18岁后仍然不长阴毛，就可能存在发育不健全的问题了。对此，男孩必须引起重视，及时咨询并认真查一查。

男子不长阴毛是否属于病理性问题，并不能只看单一的某个方面，要综合看看睾丸、阴茎、胡须、喉结、声调等方面有无异常表现。如果男孩子只是其中某一方面异常，并不能说明问题，如果有这一系列体征，可能意味着内分泌系统或染色体出了毛病。

当阴毛生长受体有缺陷时，阴毛稀少、柔软，而生长受体缺乏或对雄激素不敏感时，阴毛均不生长。这时很可能伴有腋毛和其他体毛的稀少，也可能具有家族史。这种单纯的体毛生长异常对整个身体健康和生殖健康并无影响，它只是一种生理变异而已，所以完全不必为此担忧。

3.怎样面对体毛过多的问题

很多青春期男孩发育快，体毛也比别的男孩多，于是感觉很难看和尴尬，即使夏天也不敢穿短衣短裤，怕被同学和朋友取笑。

每个人都是不同的个体，在发育、生长方面，也存在差异。体毛多多半是由于内分泌激素调节的结果，想根本上解决比较困难。

我亲爱的儿子，如果你比较爱美，体毛多已经影响到你的生活的话，你可以采取一点措施，如选用外用的护肤产品，解决表面问题即可，切不可服用药物，以免出现更严重的内分泌失调。而且，作为男孩，体毛是成熟男人的标志，对于美观并无太大影响。

掉这么多头发，是生病了吗

可能一些人认为只有青春期的女孩才会掉头发，其实男孩也会。掉发有生理性和病理性之分。生理性脱发指头发正常脱落，因为头发有生命周期。

病理性脱发是指头发异常或过度脱落，可能是身体因素导致的，也有可能是用脑过度。

那么，面对生理性脱发，青春期男孩应该怎么做呢？

（1）运用正确的洗头方法。不正确的洗发方法，会导致头部的血液循环不良，可能导致脱发。洗头时，首先水温不要超过40℃，与体温37℃接近。其次，洗头次数，夏季可以每周3~7次，冬季可以每周1~3次。

（2）使用电吹风机，要与头发保持20厘米的距离。

（3）杜绝饮酒。饮酒会使头皮产生热气和湿气，引起脱发。

（4）多吃蔬菜与水果，可使代谢正常，大便通畅，从而防止便秘而引起脱发。

（5）减少脑部的压力，保持良好的心情。

（6）避免过多的损害。青春期男孩，染发、烫发间隔时间至少3个月。夏季要避免日光的暴晒，游泳、日光浴更要注意防护。

（7）戴帽子要注意头部通风和透气。

（8）保证充足的睡眠。充足的睡眠可以促进皮肤及毛发正常的新陈代谢，而代谢期主要在晚上，特别是晚上10时到次日凌晨2时之间，这一段时间睡眠充足，就可以使毛发正常进行新陈代谢。反之，毛发代谢不畅，营养失去平衡，就会脱发。因此，尽量做到每天睡眠不少于6小时，养成定时睡眠的习惯。

另外，掉头发的原因与营养有关，与精神紧张或突然的精神刺激也有很大关系，可抽血查微量元素，平时不要经常处于精神紧张状态。对比，男孩可以掌握一些防止脱发的小窍门，如在掉头发的地方经常用生姜擦一擦，可促进头发生长；饮食营养要全面，适当多吃些硬壳类食物，适当吃些黑芝麻。

青春期男孩要知道自己的头发是不是掉得特别多，有一个很简单的"拉发实验"：可以轻拉自己的头发6~8次，然后看每次拉下来的头发有没有超过3根，如果有，就表示头发毛囊有比较脆弱，应该要多加注意。

怎么祛除烦人的痘痘

青春期的男孩长青春痘最主要的原因是皮脂腺分泌油脂过多导致毛孔堵塞，脸部清洁不当也会导致痘痘的出现。另外，学习压力大、失眠、睡得不安稳、饮食习惯也都会引发青春痘。

的确，很多青春期的男孩都受到痘痘的困扰，也有人把祛痘比作一场没有硝烟的"攻坚战"，但祛痘并不是不可能。实际上，积极地面对痘痘，做好一些预防工作，是能起到一定的作用的。青春痘的防治方法一般应注意以下几个方面。

（1）对症下药，先针对自己痘痘出现的诱因，有效地控制痘痘的泛滥，改善面部皮肤。

（2）保持皮肤清洁，尽量疏通毛孔。有些男孩为了图方便，用冷水洗脸，其实，这是错误的洗脸方法，用温水洗脸才能疏通毛孔。另外，避免用碱性大的肥皂，不用多油脂和刺激性强的护肤品，以免进一步填塞毛囊，使痤疮加重。

（3）注意饮食，不吃辛辣和刺激性的食物，不饮酒、抽烟，平时多食富含维生素A、维生素C和纤维素的食物（如蔬菜、水果），饮食清洁。

（4）注意洗脸方式。洗脸时男孩不要图快，为了缓解痘痘的症状，洗脸的时候可用毛巾轻轻擦皮肤，让淤积的皮脂从皮肤排出，但绝不能用手挤、

掐、挖粉刺，否则容易感染形成脓包和瘢痕。如果局部有感染现象，那就更要引起重视了，可用硫黄、硫酸锌等外用药，也可较长期地口服小量消炎药，这些最好在医生指导下应用。

（5）保持心情愉快，因为痘痘的出现，有时候和精神因素有很大的关系。

总的来说，青春痘治疗原则为：去脂、溶解角质、杀菌和消炎。治疗青春痘是一项综合的过程，但亲爱的儿子，切勿用手挤捏青春痘和脓包，要想减轻痘痘给你的困扰，就要学会用正确、科学的方法祛痘！

有了痘痕怎么办

对于很多青春期男孩来说，青春期长痘痘无所谓，但留下痘痕就无法接受了。那么，痘痕是如何形成的呢？

皮肤有真皮和表皮两个层次，一般情况下，皮肤会不会留下痘痕，要看其真皮有没有受损伤，如果伤害的只是皮肤的表皮层，那即使留下一些疤痕，也是暂时的，随着时间的推移，会慢慢淡化并消失。

皮肤真皮层有没有受损伤，主要与感染有关，脸上长的痘痘如果没有被感染，那么痘痘好了以后也不会留下凹陷痕迹；如果是发炎的痘痘，只要是在早期消退了炎症，也不会留下凹陷，但有可能会留下一点印痕，因为炎症会导致一些色素沉着，与其他皮肤颜色不同，但这种痘痕一般来说大约3个月到1年的时间也会渐渐退去。

还有两种痘痕可以慢慢淡化，即红色痘印和黑色瘢痕。它们的形成机制不一样。红色痘印是痘痘在发炎时引起血管扩张，痘痘消退后血管还没有马上收

缩复原，因而形成一个一个比较平的红红的暂时性红斑，这种红斑会随着温度或运动而变得更加红，但这种红斑不算是疤痕，一般半年左右会渐渐退去。黑色瘢痕是由于痘痘发炎后的色素沉淀，使长过红痘痘的地方留下色素沉淀，形成了黑黑脏脏的色斑，这些黑色瘢痕也会随着时间的推移而慢慢退去，只不过时间要更长一些。

以上两种痘痘瘢痕都属于假性瘢痕，并不是真正的瘢痕，一段时间后会随着皮肤细胞的新陈代谢而渐渐消失，但这个时间并不短，有可能几个月或是更长的时间，如果你进入一个不断退去旧痘痘，又不断长出新痘痘的恶性循环，那么这个时间往往会延续几年甚至是十几年。

如果伤害到了皮肤的真皮层，如出现严重的脓肿或脓包痘痘，则痘疤往往要跟随你终生，或者是经过几十年的新陈代谢才逐渐有所好转，但一般都很难恢复到正常的肤质和肤色。

那么，青春期男孩开始有痘痕的时候，该怎么办呢？

（1）找出你的痘痕属于哪种情况，然后找出具体的解决方案。

（2）保持好的生活习惯，保持愉快的心情。不吃辛辣刺激性食物，生活起居要正常，不熬夜，保证睡眠。即使痘痘不幸"光临"，也不要自己用手挤压，结痂后更不能用手抠。

（3）使用具有淡化痘痕印的产品。

（4）可以在医生的指导下，做激光除痘痕的手术，但如果痘痕不明显，则不必要。

其实，亲爱的儿子，只要注意防止痘痘，注意生活和作息习惯，留下痘痕的概率也是很小的。

我怎么十几岁就有白头发了

生理常识告诉我们，一般情况下，随着人逐步衰老，发根部位的毛乳头如同身体其他各部的器官一样，功能逐渐减弱，黑色素生产越来越少，以至全无，因此，头发会由黑变成花白（有黑有白），由花白又变成全白。这是一种自然现象。

可是，生活中，有些男孩，年纪轻轻却已满头白发，当然不会是因为身体衰老所致，故是一种不正常的现象。这在医学上被称为"少年白发"。

治疗少白头，中医的治疗方法是补肝血、补肾气，主要是通过饮食来治疗。

（1）多摄入含高蛋白和微量元素的食物。因为，一般情况下，营养不良和蛋白质缺乏是导致少年白发的重要原因之一。

饮食中缺乏微量元素铜、钴、铁等也可导致白发，缺乏B族维生素也是造成少白头的一个重要原因。

（2）多摄入一些有助于黑色素形成的食物，如谷类、豆类、干果类、动物肝、心、肾、奶类、蛋类和叶蔬菜等。

还要注意多摄入富含酪氨酸的食物如鸡肉、瘦牛肉、兔肉、瘦猪肉、鱼及硬果类食物等。

（3）经常吃一些有益于养发乌发的食物，增加合成黑色素的原料。

中医认为"发为血之余""肾主骨，其滑在发"，主张多吃养血补肾的食品以乌发润发，这也是很多洗发水都以何首乌为原材料的原因。

预防少年白发最重要的是消除诱发白发的客观因素，找出问题的症结所在，然后对症下药，预防治疗少年白发。

但男孩们，如果生了几根白发，不要过于紧张，这也是人身体本身的代谢

过程，不可过于劳累、紧张；而应心胸宽广，情绪乐观，保持良好的心境；养成坐卧有时、生活规律的良好习惯等，这样，白头发就可能消失。

因此，亲爱的儿子，白头发并不是老年人的专属，所以，青春期的男孩一定要注意自己的营养状况，同时要缓解学习压力，并注意休息，减少少年白的可能性。

小小雀斑也可爱

伴随着青春期的到来，男孩身体的各个部位会产生一些变化，尤其是脸部，除了痘痘光临外，还有雀斑产生。雀斑虽然不痛不痒，但影响人的外貌美，所以也会令不少男孩烦恼。那么，什么是雀斑？

雀斑，是常见于脸部较小的黄褐色或褐色的色素沉着，呈圆形、卵圆形或不规则形，主要集中在脸部，尤其是双眼到两颊凸出的部位。雀斑往往在6~7岁以后开始出现，青春期最为明显。受紫外线的影响，雀斑的表现程度也不一样，夏季，日晒使皮损加重，冬季减轻。

雀斑是一种比较难治的皮肤病，跟遗传、内分泌有很大关系，一般情况下，治疗雀斑的药物都不会影响男孩发育，但是服用药物治疗雀斑效果很一般，不会起太大作用。对于雀斑的治疗，最有效的方法就是激光祛斑。即使这样，经过一段时间之后，雀斑还是会重新长出来，但是相比其他的方法，这是可行并且效果明显的方法。

虽然治疗雀斑不容易，但是可以通过一系列方法进行预防或者控制，避免雀斑加重。当人们发现自己长雀斑，尤其是少年儿童面部长了雀斑时，就要注

意面部卫生和护理，避免雀斑随着年龄的增长不断增多、加重。

那么，青春期男孩，该怎样防止雀斑加重呢？

（1）做好防晒工作。要避免日光照射，春、夏季节外出时应戴遮阳帽，涂防晒霜，不宜滥用外涂药物，以免伤害皮肤。

（2）规律的作息、愉悦的心情，有助于防止雀斑加重。

（3）合理的饮食和营养也可防止雀斑加重。多补充维生素E，可起到祛斑的作用；多吃新鲜水果蔬菜；少食辛辣等刺激性食物，如咖啡、可可、葱、蒜、桂皮、辣椒、花椒、酒、浓茶等。

同时，你还可以掌握一些护肤的小窍门。例如，用干净的茄子皮敷脸，一段时间后，小斑点也会变得不那么明显。柠檬中含有大量维生素C、钙、磷、铁等，可以将柠檬汁加糖水饮用，不仅可美白肌肤，还能达到祛斑的目的。

总之，亲爱的儿子，脸上或者身上有雀斑，并不是什么缺陷；相反，倒是一种小小的可爱，这也是你与众不同之处，你同样是个帅气的男孩！

为什么我这么矮

很多青春期男孩都有这个困惑：为什么很多女孩比我还高？为什么我长不高？其实，这是由于大多数男孩发育都比女孩晚的缘故。

那么，人体是怎样长高的呢？原来，人类的身高主要取决于长骨的长度。长骨的生长，包括骨的纵向生长（线生长）和骨的成熟两个方面：从婴幼儿时期到青春期，靠近骨干的部位在不断地进行着成骨过程。长骨就是这样一点一点地增长的，人也就渐渐长高了。但是，到了20~22岁，骺板软骨渐渐消失，

骨骺闭合，骨的纵向生长停止，人也就不能再长高。

由此可见，长骨骺板软骨的生长是人类长高的基础，而且骺板软骨的生长又是在人体内生长激素、甲状腺激素等多种激素的协同作用下完成的，其中，促使软骨细胞分裂增殖的主要动力源是生长激素，它由人脑垂体分泌，促进软骨生长，骺板加宽，在人的身高增长中起着主导作用。

人体的身高和体重一样，有两个发育高峰期：一个是婴儿期，另一个是青春期。

男孩、女孩进入青春期后，身体迅速生长，男女身体形态发生了显著的变化，最后形成了真正的两性分化。其中，身高是一个重要的指标。

这时候，无论男女，都会出现人体生长发育的第二个突增阶段。女孩身高增长，一般在9～11岁，男孩通常晚两年，在11～13岁。身高突增的幅度也不一样，男孩每年可增长7～9厘米，最多可达10～12厘米；女孩每年可增长5～7厘米，最多可达9～10厘米。

由于男孩青春期发育开始年龄比女孩晚两年左右，骨骼停止生长的时间也相应晚些，所以，增长的幅度也会大很多，到成年时男性的平均身高一般比女性高10厘米。

女孩在生长突增高峰过后，生长速度会明显减慢，而男孩的生长突增却正处于高峰阶段。所以，在13～15岁阶段出现第二次交叉现象。

青春期，无论男孩或女孩，身高突增是进入青春期的信号。所以，青春期男孩比女孩矮是暂时的，你只不过是发育比女孩晚一点而已，最终，你会成为一个高大英俊的男子汉！

我这么瘦弱，怎么才能变强壮

为什么周围的男生都拥有高大、健硕的身材，而自己却这么瘦？其实，每个人的发育不同，时间也不一样，有的男孩到大学还在发育。所以男孩们，你不必担心，你也不会一直被同龄的男孩欺负。

当然，为了让自己更健康地成长，拥有更俊美的外表，你也可以这样做。

1.要注意营养的摄入

青春期是长身体的阶段，青春期男孩每天都需要充足的能量和营养元素，应该多吃鸡蛋、鱼、肉等蛋白质含量高及水果、蔬菜等富含各种维生素的食物。

2.适当的运动

的确，运动可以使青春期男孩发育得更好、体型更完美。同时这个阶段的男孩神经系统的可塑性、灵活性都比较好。为此，你可以根据自己的爱好选择以下一些体育项目。

（1）有氧运动：如游泳、慢跑、快步行走、滑冰、骑车、球类运动等。有氧运动有助于加速血液循环，促进新陈代谢和生长激素分泌。以游泳来说，游泳时上肢活动量大，呼吸深而有节奏，加上水的阻力，就像是胸部肌肉在进行负重练习，使胸部肌肉群的力量和弹性增加。

一般来说，这些运动最好每周进行3~5次，每次30~60分钟，每天不超过2小时，可分2~3次进行。

（2）弹跳运动：如跳绳、跳皮筋等。这类运动有助于青春期男孩身体高度的发育。弹跳运动以每天1~3次，每次5~10分钟为宜。

（3）伸展运动：如引体向上、韵律操、太极拳、踢腿、压腿等。这类运动可以增加身体的柔韧性，可以使得体型变得挺拔。每周进行

3～5次。

但在进行这些运动的时候，你要注意安全，因为男孩刚进入青春期，这一时期骨骼的发育、身高的增长都较快，骨组织中软骨成分较多，富于弹性，不易骨折，但是抗压、抗扭曲能力差。所以在进行力量练习时，负荷重量不能太大，尤其要注意保护脊柱。

总之，男孩就应该挥洒汗水。因此，亲爱的儿子，作为青春期男孩，在学习之余，你一定要多运动，并养成习惯，那样，不仅能帮助你练就健美的身体，还能让你天天拥有好心情。

阳光男孩该怎样打扮

青春期的男孩，逐步接受成人世界的一些做人做事、穿着打扮的方法，另外，随着广告、媒体、娱乐的宣传作用，很多男孩追求个性、时尚的生活方式，开始盲目追星，喜欢穿一些奇装异服，喜欢表现自己的男子汉气概，喜欢出头。青春期是接受新事物的时期，但男孩们，你必须有所选择地接受，对于外界事物的事物，要学会取其精华，去其糟粕，然后为自己所用。

"爱美之心，人皆有之"，这并不是女孩的口号，男孩也不例外，每个男孩都希望自己可以打扮得阳光、帅气一点，每当穿上新买的衣服，心里总是美滋滋的，走起路来也特别神气。但青春期男孩一般都是学生，他们正在求学的时期，又没有经济收入，穿戴方面不宜赶潮流、追时髦，只要衣着整洁、朴素大方即可。

为此，青春期的男孩，你可以记住以下几点着装要求。

（1）要干净整齐，不能邋遢有异味。

（2）不能穿背心，更不能光膀子。

（3）不能穿拖鞋，更不能打赤脚。

（4）不能戴有色眼镜。

（5）衣服扣子要系好，不能敞胸露怀。

（6）不能穿奇装异服，和学生的身份不符。

（7）不要染发、打耳钉，不要盲目地和同学攀比、追求名牌。

爱美是一点儿也没错的，但人的打扮一定要得体、要适当，才显出美和可爱。不同年龄、不同身份的人有不同的形象要求。总之，亲爱的儿子，你要明白的是，青春期本身就是美丽的，不需要任何刻意的修饰，你也需要理智地对待身边的发生的事，这样，青春期才会过得纯洁、快乐！

第4章

花季困惑，"性"，不得不谈论的问题

在我们的家庭教育中，很多父母都知道孩子的学习至关重要，而忽视了对孩子"性"的教育。其实，性一直是人类生活不可分割的部分，进入青春期后，很多男孩都产生了对异性的了解与认识的强烈愿望，这是正常的性心理反应，不要带有任何心理压力。人到青春妙龄，进入一生的黄金年华，性的成熟会给男孩带来许多心理问题和令人困扰的事情，这也是正常的。一般随着性心理的发展，很多男孩会表现出一系列性心理行为，如对性知识的兴趣、对异性的好感、性欲望、性冲动、性幻想和自慰行为等，这些都是我们不容回避的事实。

什么是性早熟和性晚熟

1.什么是性早熟、性晚熟

一般男孩在9岁前、女孩在8岁前出现青春期发育，才定为性早熟。性早熟的男孩在9岁前出现性发育。例如，睾丸、阴茎长大，阴囊皮肤皱褶增加，伴色素加深、阴茎勃起增加，甚至有精子生成、肌肉增加、皮下脂肪减少。

性晚熟和性早熟正好相反，是指发育延缓或错后。严重的会因为发育不成熟而终身不能生育。

2.性早熟和性晚熟的原因

性早熟根据其病因，可分为以下两类。

（1）中枢性性早熟或真性性早熟：该类性早熟是由于下丘脑—垂体—性腺轴提前发动引起。

（2）外周性性早熟或假性性早熟：该类性早熟是由于分泌性激素的肿瘤或组织增生（先天性肾上腺皮质增生症、肾上腺皮质肿瘤、性腺肿瘤）产生性激素或摄入外源性性激素（大量或长期服用含有性激素的药物或食物，使用含性激素的护肤品）引起性征发育。假性性早熟除了性征表现外，还多有其他的症状。

性晚熟多与基因遗传病和染色体病有关，如特纳氏综合征等。此外，全身性免疫病和营养不良，如结核病、糖尿病、吸收不良征候群等也可使青春期延迟。

3.性早熟和性晚熟的危害

也许有些男孩认为，性早熟会比同龄人高，实际上完全相反。因为性早熟的男孩较正常的男孩来说，青春期会提前，会提早大量分泌性激素，虽暂时生长加速，身高较同龄人高，但由于性激素的刺激，骨龄明显超过实际年龄，使骨骺提前闭合，生长的时间缩短，本该长个子的年龄却停止生长，而最终导致矮小。

性早熟除了影响男孩的终身身高外，还要过早背负身体成长带来的精神压力，因此，往往精神会十分紧张，影响其正常生活和学习。

与性早熟相反的是，性晚熟的少年因为第二性征出现晚或不出现，容易产生自卑和心理障碍，部分患者最终导致身材矮小。

因此，若发现男孩性早熟或性晚熟，要及时治疗。每到寒暑假，很多矮小患者蜂拥而来医院就诊，前来就诊的孩子中，有些都是15岁以后父母才想到要治疗的。结果，因为治疗年龄太大，效果不是很理想。

无论是性早熟还是性晚熟，都是发育异常，都要及时治疗。

梦里为什么会梦到女孩

男孩进入青春期后，身体便会表现出一系列男性所特有的性特征。许多刚刚进入青春期的男孩，对于青春期的一些正常心理和生理反应，如性梦，常常感到困惑，有的甚至惶惶不安。

许多青春期男孩睡觉时，偶尔会在梦中见到自己相识的女性或其乳房、颈、腿等部位，此时阴茎也会情不自禁地勃起，当达到极度兴奋时，就会遗

精。许多男孩由此自责，觉得自己是个坏男孩，千方百计地去控制自己，可在梦中又不能自已。在医学上，这是一种性梦，是青春期性心理活动的重要内容之一，常发生在深睡或假寐时，以男青年居多。性梦和梦遗不是病态，而是一种不由人控制的潜意识性行为。有关专家指出，性梦是正常现象，不必大惊小怪。

那么，男孩性梦是怎样产生的呢？

青春期的到来和男孩生殖器官的发育成熟，让男孩对两性之间的很多问题产生很多困惑，寻求和揭示性的奥秘是很多男孩青春期所向往的事情，因此，当男孩接触到一些与性有关的事物的时候，他们都会产生很多性刺激和冲动，因为道德的束缚和繁忙的学习，他们的这种欲望一般都会被压制住，但熟睡以后，大脑的控制暂时消失，于是性的本能和欲望就会在梦中得到反映。性梦大多是性刺激留下的痕迹所引起的一种自然的表露，遗精是男性性成熟的主要标志，性成熟可能是产生性梦重要的生理原因。

男孩因为常在性梦中射精，因而烦恼增多，他们会为此感到害羞和害怕、精神紧张等，白天，他们精神不集中、萎靡，因此或轻或重地影响了正常的学习和生活。要想解除男孩因性梦而产生的烦恼，青春期男孩一定要明白以下几点。

（1）性梦是一种正常的生理现象和心理现象，性梦与道德品质一点关系也没有，正常的男孩开始成年，就会做性梦，因此，男孩完全不必自寻烦恼。

（2）性梦中，男孩一般会遗精。

（3）性梦属于无意识行为，不受人的主观意识控制，这就是男孩在白天不会做性梦的原因。

（4）性梦是人体对各种器官及系统的自我检查和维护。睡梦中的性高潮不仅能使人摆脱白天的精神压力，还是对现实生活中没有得到性满足的一种

补偿。

　　亲爱的儿子，你要知道，在青春期出现这些性变化是正常的，在心理上产生性的疑问与困惑也是可以理解的，但一定要走出性困惑，顺利度过青春期。

如何克制自己的性冲动

　　可能很多青春期男孩和父母都认为，学习成绩好，听父母和老师的话就是好孩子，反之，做了让父母或者老师不中意的事情就变成坏孩子。很多男孩在性冲动后，就觉得自己是个坏孩子，羞愧、自责甚至无心学习。实际上，性和吃饭一样，是人体必需的。因为，从生理角度来看，性冲动不受大脑支配而是由血液中的激素水平所决定的，是一种不以人的意志为转移的自然现象，也是一种自然能量的积累过程，当它积聚到一定程度就应该有一个合理的宣泄途径。因此，性冲动就产生了。

　　的确，男孩在步入青春期以后，性器官日趋成熟。在性激素的影响下，都会产生一些爱慕异性的情感，并且在日常生活中，男孩还会遇到一些性刺激，如书籍、图像、电影等，这些都可能会让男孩产生性冲动。青春期男孩只要神经系统正常，大多会有正常的性欲，只是强弱不同而已。性冲动是客观存在的，有人偶尔发生，有人因性欲旺盛经常发生。但人是有理智的，在性要求非常强烈而出现性冲动时，也不能任意发泄，它必须受到社会的道德观念和法制观念的制约。

　　那么，青春期男孩如何调节和控制性冲动呢？

1.要有正常的生活和卫生习惯

男生生殖器的清洗同样重要，平时，男孩也应注意外生殖器的清洁，避免不洁之物刺激生殖器。另外，睡觉时，要穿宽松的内衣睡觉，尽量避免对外生殖器的压迫和摩擦。

2.转移注意力，减少性冲动的来源

日常生活中，男孩应该多参加一些积极健康的活动，远离那些黄色书刊和电影等。这样，能有效减少性冲动的发生。

3.懂得自我教育

青春期男孩要锻炼自己的意志，一旦出现性冲动，可进行自我调节、自我控制，告诫自己：要冷静，不要冲动。

4.采取偶尔手淫的方法缓解

对于实在难以缓解的性冲动，偶尔用手淫缓解一下，对人体无多大害处，但要注意适度，不能因为好奇或追求快感而频繁手淫。

性行为指的是什么

青春期的男孩都听过"性行为"这个词，但基本上都认为性行为就是性交，其实不然。

性科学研究按照性欲满足程度的分类标准，将人类性行为划分为三种类型：一是核心性性行为，即两性性行为；二是边缘性性行为，如接吻、拥抱、爱抚等；三是类性行为。

一般人们会认为性行为就是指性器官的结合，其实，这是狭隘的想法，

性行为的含义是广泛的，观看异性的容姿、裸体，电视的色情节目，接吻，手淫，阅读色情小说等，都是地地道道的性行为。

性行为的含义要比性交广泛得多，一般说来它包括以下几种。

（1）目的性性行为，也就是人们通常说的性交。这是人们满足性欲的最直接、也是最通常的方式。一般说来，人们在性交以后，就满足了性的要求。

（2）过程性性行为。这是性交前的准备行为，目的是激发性欲，如接吻、爱抚等，如果性交后还要通过这样一些动作使性欲逐渐消退，作为尾声，这也属于过程性性行为。

（3）边缘性性行为。这种性行为的范围很广泛，它的目的和性交无关，它只是为了表达异性间的爱慕或者是一种示爱的方式。有时候，边缘性行为表现得很隐晦，可以是一个表情、一个微笑或者一个简单的动作等，至于拥抱、亲吻，如果是作为性交前的准备，那么是过程性性行为；如果只是爱情的自然流露，不以性交为目的，那么就是边缘性性行为。当然，边缘性性行为，并没有一定的行为标准。例如，可能中国人认为的男女拥抱、亲吻属于边缘性性行为，但在某些西方国家，把这些视为一般见面的礼仪，与性行为完全无关。

自慰有哪些危害

伴随着身体发育的成熟，很多青春期男孩产生了性的冲动。于是，很多男孩采用自慰的方式发泄，也就是人们常说的手淫。手淫是释放男性性压力的一种方式。

什么是手淫呢？手淫是一种异常的、变态的性满足方式，指通过自我抚弄或刺激性器官而产生性兴奋或性高潮的一种行为，这种刺激可以通过手或是某种物体，甚至两腿夹挤生殖器即可产生。手淫在青春期男、女均可发生，以男性更多见。

实际上，对性的追求，并不是成人以后才有，有些人从幼儿早期就有明显的性兴奋，表现在"骑在凳子上两腿夹着摩擦"，这就是由中枢决定的痒感刺激来达到性满足的。这种幼儿期手淫与成人手淫自己的生殖器不同，前者既无成人的性意识与性交意愿，也无成人的性生理反应（如射精），不过是幼儿的一种游戏而已。而随着年龄的增长，对性的要求越来越强烈，变成一种有意识的手淫，若男孩极力压抑自己的性冲动，而对手淫没有正确的理解和认识，就会产生自责、自罪的感觉，痛苦感油然而生。这是因为很多学校和家庭没有给过男孩正确的性教育，所以他们会把自己的自慰行为看成是无耻和下流的。

手淫是释放性能量、缓和性心理紧张的一种措施。当然，手淫过度也是不利的。长期过度手淫带来的最明显的恶果主要是精神上的。这些男孩处于青春期，无法有正常的性生活，就选择了以手淫的方式发泄，但同时又担惊受怕，害怕被周围的人看出来，于是，想方设法掩饰，甚至表现出对异性傲慢和不感兴趣的态度。当然，这些畸形的心理并非每个人都会有，但是性格比较内向和脆弱的人容易出现这种倾向。

在了解这些性知识以后，可能很多男孩会产生疑问，那么，到底应该怎样掌握手淫的度呢？手淫一般不会引起任何的疾病，一般以一周一次为宜。频繁、重度的手淫可引发疾病，像前列腺炎、遗精、早泄等，不育也是有可能的。

　　为此，亲爱的儿子，如果你能从正常渠道了解这些青春期性冲动的知识，并以正常的方式发泄性冲动，那么，你自然能摆正心态，消除对手淫的羞愧感！

有性幻想不是错，但要合理宣泄

　　可能不少青春期男孩都有一些性幻想。许多人认为性幻想是一件可耻的事，在幻境中"肆意妄为"令人感到懊悔和自责。其实这是青春期的正常生理现象，但要懂得调节，并把注意力转移到学习上，不可沉溺其中，耽误学业，影响自身成长。那么，什么是性幻想呢？

　　性幻想是指人在清醒状态下对不能实现的与性有关事件的想象，是自编的带有性色彩的"连续故事"，也称作白日梦。

　　进入青春期后，男孩的身体会逐渐发育，其中，性器官开始发育成熟，自然会对异性产生爱慕情绪，但是又不能发生性行为，只好以性幻想的形式发泄和满足自己的性欲望，于是，就会把自己曾经在电影、杂志或者书籍中看到的片段凑在一起，经过重新组合，虚构出自己与爱慕的异性在一起。

　　当男孩开始性幻想后，会随着自己的幻想过程而逐渐进入角色，还伴有相应的情绪反应，可能激动万分，也可能伤心落泪。

　　一般情况下，男孩会在闲暇时间或者上床后刚开始的一段时间产生性幻想。部分男孩可导致性兴奋，有些男孩甚至射精，有的男孩还伴随有手淫出现。这种性幻想在中学生中大量存在。据国内调查在19岁以下的青少年中，有性幻想的占68.8%。如果这种性幻想偶然出现，还是正常的、自然的。如果是

经常以幻觉代替现实，可能会导致病态，应当引起注意和调节。

所以，亲爱的儿子，你要知道，性幻想并没有错，也不是什么可耻的事情，但要注意自我控制欲望，男孩在青春期应以学习为重，把精力放在学习上，就能转移性幻想对自己的困扰。另外，多参加公共活动，也是一种自我调节的方式。

青春期的性困惑，如何解决

青春发育期的男孩，年龄一般在13～18岁。这个年龄的男孩正在上初中、高中或者刚刚步入大学或中等专业学校。这正是长身体、学知识的黄金时代。然而有些男孩在这人生的十字路口，由于对性产生了憧憬，也不能理智地控制感情，划不清友情与爱情、恋爱与婚姻的界限，从而陷入早恋的泥坑，甚至发生性越轨和未婚先孕的情况。性越轨不仅会给男孩自身带来身心的影响，还会摧残对方的身体，因而往往给他们心灵带来巨大的创伤。

不少青春期的男孩会产生疑问，遇到了青春期的性困惑该怎样解决呢？

其实，你应该寻求父母的帮助，毕竟父母是过来人，他们能给你正确的答案。另外，也可以从其他积极正面的途径了解，如学校的生理课、电视教育等。不管怎样，每一个男孩都应当自尊、自爱、自重、自强，珍惜自己的青春年华，千万不可"一失足成千古恨"，让青春之花过早凋零。

总之，青春期是男性一生中最宝贵的时间，是人格的塑造期，对社会还未形成一个比较深入全面的认识，应尽量把精力投入到学习中，才能让自己健康、快乐地成长！

什么是艾滋病

关于艾滋病，青春期的男孩应该了解以下内容。

1.什么是艾滋病

艾滋病，即获得性免疫缺陷综合征（又译为后天性免疫缺陷症候群），英语缩写为"AIDS"，曾译为"爱滋病""爱死病"。1981年在美国首次注射和被确认。艾滋病分为两型：HIV-1型和HIV-2型，是人体注射感染了"人类免疫缺陷病毒"（艾滋病病毒）所导致的传染病。艾滋病被称为"史后世纪的瘟疫"，也被称为"超级癌症"和"世纪杀手"。

HIV是一种能攻击人体免疫系统的病毒。它把人体免疫系统中最重要的T4淋巴组织作为攻击目标，大量破坏T4淋巴组织，产生高致命性的内衰竭。这种病毒在地域内终身传染，破坏人的免疫平衡，使人体成为各种疾病的载体。HIV本身并不会引发任何疾病，而是当免疫系统被HIV破坏后，人体由于抵抗能力过低，丧失复制免疫细胞的机会，从而感染其他的疾病导致各种复合感染而死亡。

2.艾滋病症状

艾滋病病毒在人体内的潜伏期平均为12~13年，在发展成艾滋病病人以前，病人外表看上去正常，他们可以没有任何症状地生活和工作很多年。

艾滋病的临床症状多种多样，一般初期症状像伤风、流感，全身疲劳无力，食欲减退，发热，体重减轻。随着病情的加重，症状日见增多，如皮肤、黏膜出现白色念球菌感染，表现为单纯疱疹、带状疱疹、紫斑、血肿、血疱、滞血斑，皮肤容易损伤，伤后出血不止等。之后渐渐侵犯内脏器官，不断出现原因不明的持续性发热，可长达3~4个月；还可出现咳嗽、气短、持续性腹泻

便血、肝脾肿大、并发恶性肿瘤、呼吸困难等。由于症状复杂多变，每个患者并非上述所有症状全都出现，一般常见一两种症状。按受损器官来说，侵犯肺部时常出现呼吸困难、胸痛、咳嗽等；如侵犯胃肠可引起持续性腹泻、腹痛、消瘦无力等；如侵犯血管可引起血管性血栓性心内膜炎、血小板减少性脑出血等。

3.艾滋病传播途径

艾滋病病毒主要是通过性行为、体液的交流，以及母婴而传播。体液主要有精液、血液、阴道分泌物、乳汁、脑脊液等。其他体液中，如眼泪、唾液和汗液，存在的数量很少，一般不会导致艾滋病的传播。

人们经过研究分析，已清楚地发现了哪些人易患艾滋病，并把易患艾滋病的这个人群统称为艾滋病易感高危人群，又称为易感人群。艾滋病的易感人群主要是指男性同性恋者、静脉吸毒成瘾者、血友病患者、接受输血及其他血制品者、与以上高危人群有性关系者等。

因此，艾滋病虽然很可怕，但该病毒的传播力并不是很强，它不会通过我们日常的活动来传播，也就是说，我们不会经浅吻、握手、拥抱、共餐、共用办公用品、共用厕所、游泳池、共用电话、打喷嚏等而感染，甚至照料病毒感染者或艾滋病患者都没有关系。

青春期的男孩，了解这些后，当你身边有艾滋病患者后，你不应该歧视他，应在精神上给予其鼓励，让他积极配合医生治疗，战胜病魔，同时让他注意自己的行为，避免将病毒传染给他人。

哪些渠道讲的性知识是正确的

随着年龄的增长，伴着青春期的脚步和性生理成熟的到来，男孩的性意识开始觉醒和萌发，惊喜、紧张、不安、惊慌失措，各种反应都有。例如：对性知识产生浓厚的兴趣，喜欢接近异性，具有性欲望和性冲动，对性感兴趣，爱看言情小说，做有性内容的梦，出现性的幻想和憧憬，性欲强烈时还会发生手淫的自慰现象。这都是很自然的事，也是每个人必须经历的发育阶段。但男孩们，你要从正确的途径获得性知识，更不要把性欲望和性冲动看作思想不健康或低级下流的事，从而产生自责或内疚感。

性教育能使孩子用科学的知识武装自己，防范不健康的思想和行为的侵蚀。性教育并不单纯是性知识的教育，它还包括许多内容：教会男孩什么是爱，如何去爱，如何做人，如何处理人际关系，如何保护自己，如何爱护和尊重他人。它寓性道德教育于性知识教育之中，只有有了科学的性知识，男孩才能更好地用性道德准则来约束自己。

据一项对中学生性文化的调查，91%的男生和92%的女生迫切需要解答各种性的疑惑，而解答的渠道70%以上是从医学书籍、有关报刊和影视中自己寻找的，21%以上是从同学朋友的讨论中获得的。性知识来源于学校和家庭的比率很少。按说学校和家庭应当是获取性知识的正当渠道，但是事实并非如此，这有学校和家庭的原因，也有自己的一定责任。当然，男孩还是应当主动地、大大方方地寻求学校和家庭的帮助，同时自己也可以选择一些大的出版社出版的有关性的书籍，以获得比较可靠的、科学的知识。

家长和社会的封闭激起很多男孩的逆反心理，课本里不讲，自然有大量低级趣味的，甚至手抄本之类的东西找上门来，投其所好。这就要求科学知识应

该像预防针一样，增强男孩的免疫力和抵抗力。

男孩们，如果你不能从正确的途径获得性知识，就会从不正规的途径获得以讹传讹的错误信息，这只能误人子弟。如果能大大方方地向父母咨询，听得明白，自然就会彻底消除这种神秘感。

因此，作为青春期的男孩要知道，青春期的性知识一定要从正面途径了解，我们更希望你能有强烈的事业心，要把主要精力投入到学习和身体锻炼中，提高自己的文化和身体素质，这样就很难有精力关注其他方面，从而克制自己的性冲动，不沉溺于色情。

怀孕与避孕知识知多少

伴随着身体的逐渐成熟，青春期男孩对人体的生殖情况也充满了好奇。的确，了解这些，也有助于你更好地处理性冲动。对此，你需要了解两个知识。

1.女性是怎样怀孕的

女性受孕必须具备以下几个条件。

第一，男女双方都要具备生殖能力，也就是一定要具备正常的生殖细胞。生殖细胞就是男方要有很好的精子，女方要有很好的卵子。

第二，精子和卵子要能够结合，形成一个受精卵。

第三，这个受精卵要能够正常地进入子宫，然后到达子宫腔。同时，生理上各种因素对胚胎的发育也有很大的影响。

第四，性生活的时间要在女方排卵期，否则很难受孕。

精子到达输卵管以后需要与卵细胞结合，这时精子的活动度是非常重要

的，如果男性的精子活动度不强，就可能不会受精。也慢慢地会与卵细胞遇上，但受精的时候也可能会有问题，如不能很好地穿入卵细胞，也就没有办法受精。受精以后还要经过几天的时间，由输卵管慢慢地推向子宫腔，这时候子宫腔的内膜要有充分的营养，才能很好地受孕。

这个过程中可能遇到很多的问题，一个卵细胞如果不够成熟，或者成熟以后也排出去了，但是不能达到输卵管也不能受孕。如果达到了输卵管，尽管受孕了，但是由于某种原因，如疾病，造成输卵管狭窄，会造成不正常的怀孕。即使受精卵达到了子宫腔，子宫腔如果还有别的疾病，也会造成不孕。所以孕育一个正常的孩子的过程是很复杂的。

2.怎样避孕：安全套的使用

安全套具有避孕和预防性传播疾病的双重功效，它是一种使用方便、值得推广的男性避孕工具。那么，安全套怎么使用呢？

首先，男性应在开始性交后，在阴茎勃起时戴上安全套，谨记，应在阴茎接触对方身体前戴上安全套。因为阴茎勃起时，会产生一些分泌物，当然，其中可能会有精液和病菌，能引起怀孕和性病的传播。

然后，用拇指及食指轻轻挤出安全套前端小袋内的空气，因为安全套内残留的空气会导致安全套破裂。然后将安全套戴在勃起的阴茎上。在挤压住安全套前端的同时，以另一只手将安全套轻轻伸展包覆整个阴茎。同时，确定安全套于性交过程中紧套于阴茎上；如果安全套部分滑脱，应立即将其套回原位；若是安全套滑落掉出，应立即将阴茎抽出，并在继续性交前戴上新的安全套。

射精后，在阴茎仍勃起时应立即以手按住安全套底部，在阴茎完全抽离后再将安全套脱下。避免阴茎与安全套接触到对方的身体。

最重要的是，要记住每片安全套只能使用一次。用过的安全套用纸巾包好并放入垃圾箱内。

新生命是如何诞生的

宝宝是怎么诞生的？可能所有青春期的男孩对这个问题都好奇，但一般情况下会避而不谈。其实，宝宝的出生过程并不神秘。

新生命的产生过程是：由父亲的精子与母亲的卵子在子宫里结合，然后经过10个月的分化与发育，变成了婴儿，由母亲的阴道分娩出来。这其中一个最重要的过程就是受精过程。

所谓的受精是男女成熟精子和卵子的结合过程。当精液射入阴道内，精子离开精液经宫颈管进入宫腔与子宫内膜接触，解除精子顶体酶上的"去获能因子"，此时精子获能，继续前进，进入输卵管，与在输卵管等候的卵子相遇。精子争前恐后，利用自己酶的作用，穿过卵子的外围屏障，当其中一个强壮的精子的头部与卵子表面接触之时，其他精子不再能进入，此时为受精过程的开始，当卵子的卵原核和精子的精原核融合在一起形成受精卵时，则标志着受精过程的完成。

而分娩是孩子出生的过程，被认为是一个人人生的开始。

女性从开始感觉到子宫规律的阵痛收缩，以及子宫颈扩张，进入分娩阶段。虽然大部分人都觉得分娩很痛苦，但大部分女性都能正常生产。不过有时因为并发症而要进行剖腹生产，也有时进行会阴切开术。

分娩全过程即总产程，是指从开始出现规律宫缩直到胎儿胎盘娩出，临床

分为三个产程。

第一产程又称宫颈扩张期。从开始出现间歇5~6分钟的规律宫缩到宫口开全，初产妇的宫颈较紧，宫口扩张较慢，需11~12小时；经产妇的宫颈较松，宫口扩张较快，需6~8小时。

第二产程又称胎儿娩出期。从宫口开全到胎儿娩出。初产妇需1~2小时；经产妇通常数分钟即可完成，但也有长达1小时者。

第三产程又称胎盘娩出期，从胎儿娩出到胎盘娩出，需5~15分钟，不应超过30分钟。

男女交配受精产生婴儿到婴儿分娩，从母亲腹中诞生的过程虽然不好说出口，但青春期的男孩对于这个问题，你不必羞怯，对性的了解和认知应该是大大方方的，这样，就能消除对性的神秘感，也就更明白如何在男女交往中保护自己和对方了。

第5章

坦然面对情窦初开，男孩不要太烦恼

随着年龄的增长、身体发育的成熟、性心理的不断发展，男孩开始对异性产生倾慕，这是成长期的必经过程。但青春期毕竟是进入成人阶段的前奏，价值观、爱情观都是波动的，对爱情的体验尚是浅陋而朦胧的，因而是不真实和幼稚的。青春期男孩，要明白青春期是积累人生储备和社会经验的时期，过早地恋爱会成为人生奋斗路上的绊脚石，只有全身心地投入学习，才会让自己的青春期过得充实、快乐。

我为什么总想吸引女孩子的注意

其实，男孩到了青春期后，会不自觉地想吸引异性的注意，但又感觉好像背叛了男同胞，于是，很多男孩不知道怎么和异性相处。其实，每个男孩都应学会与女孩大方地相处，具体来说，可以这样做：

（1）尊重女同学是交往的前提。异性相吸是青春期发育的必然表现。处于青春期的少男少女会产生一种强烈地想要接近异性、渴望交往的愿望。这种心理很多男孩自己也不能说清楚，面对这种难以捉摸的感情，心中会产生这样或那样的烦恼。

青春期男孩在女同学面前所表现出的种种不得体，主要在于不大了解男女相处的艺术，不了解异性相吸的自然性，夸大了异性的神秘性。如果改变对异性的看法，男孩的行为也会有所改变，不妨大大方方地与女同学交往，坦诚面对。慢慢地，就能用平和的心态与女同学交往了。

（2）培养健康的交往赏识，提倡男女同学间广泛接触、友好相处，不管是男同学还是女同学，不要先把性别作为是否可以接触的前提。男同学、女同学都是同学，同学之间不存在可以接触、不可以接触的问题，更不能人为地设置影响互帮互学、共同进步的心理障碍。

（3）和女同学交往，要以事情为核心，不妨在老师的指导下广泛开展集体性的活动，如勤工俭学、社会考察、参观访问、文体活动等。在集体活动中互相增进了解、沟通情感，消除由于不相往来而造成的隔阂。

（4）学生时代的男女同学之间，应建立亲如兄弟姐妹那样的友谊关系，尤其是男女同学单独相处时，一定要理智处事，光明磊落，善于把握自己的感情。

作为青春期男孩，你要明白，青春期除了是男孩身体发育的时期，也是性格、人格等逐渐完善的时期，更是情感的萌发期，你应该以坦荡的心态和女孩交往，在交往的过程中，以尊重为前提，把握好度，注意一些问题。总之，亲爱的儿子，你可以和女孩一起玩，但要学会得体地表现，让彼此之间的情感限定在友谊的范围内，这也有益于消除女孩对异性的神秘感，有益于男孩身心的发展！

我终于知道喜欢一个女生是什么感觉了

青春期的男生不应该过度地表现自己的"情感"，情窦初开时，要选用正确的方法把这种情感释放出来，把"喜欢"的人埋在心底，找准自己的位置，努力学习各种知识，让自己的青春不虚度。

（1）自觉接受青春期教育，用科学知识破除对"性"的神秘感，使丰富性知识与树立性道德观念同步进行。

（2）珍藏对异性的爱慕感情于心灵深处，转化为互相尊重、互相鼓励、互相推动、互相学习的动力。净化心灵，清除爱慕中"情欲"的杂质，防止异性交往中的单一指向性和进行活动的排他性。

（3）讲究风度，注意礼仪。做到以礼相待、举止适度，说话（特别是开玩笑）注意分寸，表现出对对方的尊重，显示自己的文明修养。

（4）要注意培养"四自"（自爱、自重、自尊、自强）的观念，在情窦

初开、思想敏感、感情热烈之时，要矜持自控，防止"青春期"变成"苦恼期"，"黄金时代"变成"多事之秋"。

（5）如与异性交往已有超越友谊界限的迹象，要及早降温，用理智驾驭感情。

总的来说，青春期的主要任务是学习，而恋爱对于心智并不成熟的你而言必然耗费大量精力，影响你的未来发展。你认为你喜欢那个女孩，不妨把这些心事记录在你的日记里，写下你的喜欢和爱慕，也可以告诉父母，试着放松绷紧的心弦，这段"爱恋"会随着时间酝酿久远、芳香四溢！

暗恋一个人，我该说出来吗

有人说初恋是纯真的，其实，最美的还是暗恋，青春期性萌动，哪个少男不钟情？暗恋，永远是那么甜美、那么涩。

事实上，大多数情况下，男孩心中的女孩也许并没有自己想象的那么完美。俗语说"情人眼里出西施"，这些说法都说明喜欢一个人的感觉是主观而片面的，听不进他人的意见和建议，一定是他认为好就是好，你说不好他也听不进去，当家长持反对意见或者试图阻止时，他就产生逆反心理，不然就转入地下，这是最让家长头疼的地方。青春期男孩，可以说，基本上都有自己心仪的女孩，但是由于各种原因，很多男孩都只是暗恋，并不敢说出口。

其实，无论是谁，喜欢上异性都是难以自控的，尤其是青春期男孩，更为是否将心中的小秘密告诉对方而烦恼，不说自己心里很想念，说出来又怕对方不接受，于是辗转反侧、心烦意乱。

除了暗恋女孩外，一些青春期男孩帅气大方、学习成绩优异，吸引了很多女孩的目光，于是，他们也会被女孩追，或者被暗恋。

一个情窦初开的男孩，青春期对异性产生好感，甚至有与之交往的冲动，这是正常的，这都是成长过程中的必经过程。因此，进入青春期后异性同学之间交往是每个同学都要面对和学会处理的新课题。任何事情都一样，不能简单地划分"好"与"坏"，而是要学会驾驭"合理"与"失控"的分寸。

青春期的男孩子，不管是他暗恋女孩，还是女孩暗恋你，都应把那份美好埋在心底，你们正处在长知识、长身体的黄金时代，世界观还未形成，缺乏必要的社会知识与经验，如果过早地陷入爱情的旋涡中，势必会影响自己的学业和身心健康。你要做的是，明确自己在青春期的奋斗目标，把精力重新投入学习中，才是明智之举。

总之，作为男孩一定要明白，青春期恋情多数会影响学习，是自己实现理想的道路上的岔道和障碍，因此，将小秘密埋藏在心里是明智的选择，让这份初恋的感情在心里发酵，随着时间的推移日久弥香。

我失恋了，怎么才能走出来

生活中，可能有不少青春期男孩都有失恋的经历。例如，好不容易下定决心送出的情书被退回以后，心灰意冷，自我价值被否定，觉得世界末日来了，提不起精神学习，没有激情生活，更有偏激的男孩，对异性打击报复，或者自我伤害。

青春期的感情是很单纯的，一旦认为喜欢上某个人，就会钻牛角尖，这

时怎么办？对此，青春期男孩，要学会转移自己的视线，不要将眼光始终放在那个女孩身上，不妨去做一些有意义的事，去做自己喜欢的事情，做什么可以忘掉就去做什么，哪怕是暂时的。因为，本身青春期所谓的"喜欢"都是暂时的，而时间是治疗的良方，很多人随着时间的推移就淡化和忘掉了。例如，足球运动就是很好的转移失恋带来的消极情绪的方法。踢的过程可以发泄失恋带来的不良情绪。散步、慢跑也可以愉悦心情、忘掉烦恼。

其实，青春期恋情没有那么可怕，"恋爱像出水痘，出得越早，危害越小"这句话是有道理的，恋爱是男孩成长路上必经的一个过程，没有经过爱情的人是不成熟的，在恋爱的过程中，了解异性、接触异性，也是有助于男孩自身的完善和发展的，这是他们心理成熟的过程。失恋是成长中的代价，他们会在情感挫折中越来越成熟。从流动的、发展的角度去看青春期恋情，有时就不会那么如临大敌了，就可以平和应对和解决了。

但这些并不意味着青春期的男孩就可以肆无忌惮地不顾学习而恋爱，努力学习，为目标奋斗，始终是青春期的主要任务，努力提高自己，让自己成熟起来，才能在成人之后用更加正确的眼光去发现适合的人生伴侣。

总之，亲爱的儿子，你需要明白的是，中学时代是打基础时期，将来从事何种事业还没有定向，今后的生活道路还很长。中学时代的早恋十有九不能结出爱情的甜果，而只能酿成生活的苦酒。当你能正确处理青春期的"爱情"和"失恋"时，也就能把握好人生的舵，不会过早去摘青春期的花朵。

我好像喜欢上了女老师怎么办

一个15岁的男孩爱上了自己的老师，的确是有点不可思议，但首先说明的是，他成熟了，情窦初开了，这是生理与心理成熟之后的必然。

很多青春期男孩对曾经帮助过自己的女老师都有类似的情感，以为这种情感就是爱，其实不一定，有时候，也可能是恋母情结的一种反应，潜意识里把她当作自己的母亲一般去爱。这并不是真的爱情，而是一种崇拜和敬畏。那么，青春期男孩该怎样分清对老师的情感是爱还是崇拜呢？这当然要凭借一定程度的理智来说服与控制自己的情感，还需要冷静地思考以下几个问题。

（1）爱一个人或许不需要理由，但必须知道爱她什么。

（2）爱情是双方的，只有互相接受的爱才能产生爱情，当你对老师产生爱的感觉时，你清楚老师被你"爱"的感受或意愿吗？

（3）爱是和责任联系在一起的。爱一个人就要对对方的一生负责，包括生老病死，包括贫穷与灾难。另外，你还必须有被"抛弃"的心理准备，因为每个人都有选择爱的权利。

（4）要有一定的经济基础。请明确你是否与老师同处一个人生舞台，否则那不算是双人舞。

青春期男孩，假若你能清楚地回答以上问题，就能明白自己对老师是崇拜还是爱了。当明白这些以后，男孩你还要明白，她并不是适合你的人。

首先，你们年龄上就有一定差距，人生经验和社会阅历上有差距，人生观、价值观上也有不同点，当然这并不是很重要的问题。

其次，青春期的喜欢并不稳定。你们之间并不是相互了解，你之所以喜欢她，是因为你把她想象得比现实中完美了。而你也许是情窦初开，等心理成熟以后，就会发现其实你所选择的她并不是你想要的那种人。

最后，在学校里容易受到周围人的影响，可能你并不想谈恋爱，但是别人都在

谈，你也许就会去留意某一人，而实际上她并不一定就是你心目中设想的那个人。

作为青春期男孩，要把对老师的爱慕转换为学习的动力，如果你把这种喜欢的感觉用得恰到好处，你会发现这是你学习的动力，还能促进你学习，但如果你执意觉得这是种不正当的想法，往往会使你成绩下滑，心力交瘁。喜欢老师没什么可怕的，相反，这是正常的。这表明你已经开始注意异性，并有了爱的能力，但你要把握住一个度，这只是你黑白色学习生活中的一抹彩色，照亮你的心，把你的心映成彩色的！

什么是友情，什么又是爱情

什么是爱情，什么是友情，两者有什么区别？可能这是很多青春期的男孩困惑的问题。

事实上，友情和爱情都属于广义的爱情的一种，但爱情与友情有区别也有联系。友情是爱情的基础与前提；爱情是友情的发展和质变。友情可以发展为爱情，亦可能永远发展不成爱情。

要区别友情与爱情，有时的确很困难。日本一位心理学者提出了以下五个指标，可供参考。

（1）支柱不同。友情的支柱是"理解"，爱情则是"感情"。

（2）地位不同。友情的地位是"平等"，爱情却要"一体化"。朋友之间，有人格的共鸣，亦有剧烈的矛盾。爱情则不然，它具有一体感，身体虽二，心却为一，两者不是互相碰击，而是互相融合。

（3）体系不同。友情是"开放的"，爱情则是"关闭的"。两个人有坚

固的友情，当人生观与志趣相同的第三者、第四者想加入的话，大家都会欢迎。爱情则不然，两人在恋爱，如果第三者从旁加入，便会产生嫉妒心理和排除异己的行为。

（4）基础不同。友情的基础是"信赖"，爱情则纠缠着"不安"。有了信赖，友情就是真诚的，但爱情则不然。一对相爱的男女，虽依恋对方，但老是被种种不安所包围，比如，"我深深地爱着她，她是否也深深地爱着我？""他是不是不爱我了，态度怎么变了？"

（5）心境不同。友情充满"充足感"，爱情则充满"欠缺感"。当两个人是亲密的好朋友时，都会觉得很满足；而爱情则不然，当两个人成为情侣，虽然初期会有一时的充足感，但慢慢地，会对爱情的要求越来越高，总希望有更强烈的爱情保证。

一般地说，青春期的男孩如果能准确地区分自己在以上五个指标上的定位，应该就能在爱情与友情的岔路口上选择清楚，定位好自己的方向。

青春期男孩与异性交往的时候，要知道，现在这个年龄不适合恋爱，要保持清醒的头脑，与女孩交往，态度一定要庄重明快，不能矫揉造作。青春期的男孩还没有正确的爱情观，爱情观也是不稳定的，对爱情的含义往往缺乏深入的了解，往往把异性同学在学习上、生活上给予的帮助和关照这种纯真的友情误认为是爱情而产生错误认知，造成身心上的困扰。

因此，懂得爱情与友情的区别，能让男孩对自己所产生的情感有更清楚的认识，以免在人生的岔路口走错方向，也才能更好地处理与异性朋友之间的关系，全身心地投入学习。

如何正确地与异性相处

进入青春期的男女同学都有同样的心理，都希望自己能够成为受到异性注目和欢迎的人，为此，他们会尽力地改变自己、完善自己，这也是一个自我发展、自我评价、自我完善的最佳心理环境，是克服自身缺点及弱点的好机会。作为青春期男孩，学会与异性建立健康的情感，使自己能够理解异性、尊重异性，与异性发展自然的、友爱的关系，会为今后顺利地进入恋爱和婚姻关系奠定良好的基础。

然而，很多青春期男孩以为，与异性相交就是指发展男女关系，实质上则不然，其实，正确地与异性交往，对男孩有以下积极的作用。

1.有利于男孩实现个性完善

与异性交往，本身就是一种关系方式。青春期男孩还处在一种对异性封闭的阶段，而男女个性差异比较大，与女孩交往，通过相互间的交往和交流，能使男孩在个性发展上更丰富、更全面。要知道，男孩以后也将成为社会中的一分子，交往范围越广泛，和周围生活的人联系越多样化、越深刻，自己精神世界也就越丰富，个人发展也越全面。

2.有利于丰富男孩的思维类型

性别不同，思维习惯和类型也不同，虽然男女生智力水平基本无差异。在思维方面，女孩较擅长于形象思维，凭直觉观察事物；而男性较擅长左脑思维，即逻辑思维，常常用抽象、逻辑推演去处理事情，据此，男孩可以实现思维类型和习惯的补充。

3.有利于男孩实现和异性之间的情感交流

青春期男孩和女孩的相互接触，有利于情感的健全。

从情感差异方面看，女生情感较丰富、敏感，富有同情心，情感体验深刻、细腻、含蓄；而男生则比较外露、粗线条。女生的感情比男生更为稳固、持久。

4.有利于性别角色的社会化

无论男女，其性别角色的实现，都要体现在与异性的交往活动中，同样，男孩只有从女孩的眼里才能读出社会对男性的期望。

然而，与异性同学间的友谊是青春期的孩子之间最为敏感的话题，同性间的友情是可以公开的，但对某个异性的好感却是隐秘的，在口头上是坚决不承认的，这恰好反映出男孩的矛盾心理。这一时期的男孩对异性会有一些兴趣，会关注他们的言谈举止，这种好感是朦胧的、短暂的、不稳定的，所以在他对某个异性产生兴趣的这段日子里，他非常反感别人来刺探他的想法，更讨厌别人干涉他的做法。当家长、老师问及这方面的事时，他一般予以否认，仅说是普通同学关系，事实是，这一时期孩子的情感正处于朦胧期、矛盾期，他自己也很难说清楚。为此，很多父母很担忧。

人的一生注定要在两性的世界中度过，要适应相应的社会规范，青春期男孩就必然会与异性交往而非隔离。当然，这种交往是大方的，有利于身心发展的。

我竟然也收到了女生的情书

情书恐怕是很多男孩向女孩表达爱意的方式，一般情况下，男生收到女孩情书的情况是少见的，但也不是说绝对没有，那些长相帅气、成绩优异的男孩，也会引起女孩的注意，也可能会收到情书。一个情窦初开的男孩，当

接到异性递来的情书时，脸红心跳是正常的心理现象，但一定要理智，如果抱有"有一个女生追求我，看我多有本事"的显示心理而四处炫耀，则是不负责任的行为，伤人也会伤己。但也不能因为害怕伤害对方而犹豫不决，让彼此都无心学习；更不能不顾女孩的脸面，不注意说话方式直接拒绝，甚至告诉周围的人。你可以给对方认真地回一封信，劝对方放弃这种念头，抓紧宝贵时光用心学习。如果对方一而再、再而三地穷追不舍，你可以去信告诉对方：如果再这样，就去告诉老师。只要你的态度坚决而明确，一般来说，对方就会放弃了。

青春期对异性产生好感，甚至有与之交往的冲动，这是正常的，这都是成长中的必经过程。因此，进入青春期后异性同学之间交往是每个同学都要面对和学会处理的新课题。任何事情都一样，不能简单地划分"好"与"坏"，而是要学会分辨"合理"与"失控"的分寸。

青春期的男孩，如果收到情书，最正确的办法把这份羞涩的喜欢放在心底，兴奋过后一定要把情书收起，把那份美好埋在心底。你要做的是，明确自己在青春期的奋斗目标，把精力重新投入学习中，才是明智之举。

那些流言蜚语让我很苦恼

这样的流言对于青春期的孩子来说，确实是巨大打击，平时，他们与异性说话，都不好意思，即使真的喜欢某个女孩，都不希望周围的人知道，被人如此非议，即使成人也无法接受，更何况未成年的男孩。

随着物质文化水平的提高，随着孩子的成长和青春期的到来，男孩的身体

逐渐发育成熟，他们对男女关系的了解和关注也越来越多，恋爱低龄化、校园恋爱已经屡见不鲜，与此同时，青春期的男孩女孩还喜欢捕风捉影，妄加猜测周围同学之间的关系。

作为青春期男孩，要知道你是男子汉，"身正不怕影子斜"。因此，对于那些流言蜚语，也不必过于在意，你要勇敢地与传流言的同学当面对质，如果那些同学还是用"有色眼光"看你，就将此事告之老师，让老师出面制止流言。对待这样的事情，只要自己表现得光明、大方，就会使传流言的人觉得无趣，听流言的人也会不相信；若是畏畏缩缩、独自伤心，只会让那些嚼舌根的人更加得意，间接增加流言的"可信度"。

"走自己的路，让别人说去吧！"这是很多青春期少男少女的座右铭，同样，亲爱的儿子，如果遇到了这样的事，你也要用这句话勉励自己，因为别人的讥笑而始终耿耿于怀，伤害的只是自己，要记住：只要你自己不承认，谁也无法给你"量刑"！

"哥们儿"这个关系可能更适合

估计有很多青春期男孩都有这样的苦恼："我该怎么和她相处？"其实，青春期要把喜欢放在心底，不妨和那个"喜欢"的女孩做"哥们儿"。

有人说，男女之间不存在绝对纯真的友谊，其实，这种观点是错误的，人类的情感有很多种，爱，是最美好的情感。从这个角度来说，青春期学会如何进行异性交往，就是一种"爱的修炼"。

男孩进入青春期渴望与异性交往，是男孩身心健康发展的重要标志。再

说，异性之间的关系有很多种类，如同学、朋友、师生等，并不一定是恋人关系。青春期的男孩如果懂得正确地与异性相处，完善自己的社会角色和修炼自己，是对未来婚姻家庭的准备，也是对未来事业发展和社会人际关系关系适应的必要准备。只要男孩有清醒的认识，把握好自己，也可以尝试着和女生做"哥们儿"。

青春期男孩要把正常的交往与约会区别开来。一般来说，在公共场合的讨论和交谈，或者集体举行一些有意义的活动都属于正常的举动。因为这样的交往，是有利于身心健康的，可以培养良好的道德情操和美好的品质；而如果男孩在青春期就过早地约会，会产生厌学心理或者沉溺于自己的小世界中，本来十分感兴趣的事物，却感到冷漠暗淡，使心灵过早老化。

当然，很多男孩可能会被女孩所欣赏，男孩自己也会对女孩有好感，这都是正常的心理现象，关键看你能否把握好自己，毕竟，青春期的主要任务是学习，男孩要把握好尺度，尽量避免和异性谈及情感问题，学会把你们的关系往友谊上引导，学习上与其取长补短。如果对方表现强烈，你最好要把学习最重要的盾挡在前边。当然，大多数情况下，女生比男孩内敛，男孩自控就更为重要。

总之，亲爱的儿子，你可以尝试和女生做无话不谈的朋友，也就是"哥们儿"。异性间应建立良好的友谊，互帮互助，促进身心健康发展，但应注意度，尽量避免"一对一"的异性相处。

第6章

抓住时间的缰绳，青春期是学习的绝佳时期

学习成绩的好坏从一定角度上来说是衡量一个学生学习状况的重要指标。毋庸置疑，对于青春期男孩来说，他们的主要活动是学习。相对于从前来说，青春期的学习任务急剧加重。你也许并不爱学习，但随着社会竞争的日益激烈，男孩必须明白"知识成就命运"这个道理，也必须掌握知识。其实，人生是自己的，学会享受生活和学习，你就能在学习和生活之间轻松地游走，人生的重要时期——青春期也就能充实快乐地度过！

没有学习兴趣怎么能学好

常言道，兴趣是最好的老师。没有学习兴趣也是很多男孩成绩差的原因之一，当他在某学科上学得不好，成绩很差，问他是什么原因，他会理直气壮地说："我没兴趣！"有些男孩说："我对学习没有兴趣，我学不好，我不学了！"

可见，没有了兴趣，也就不能好好学习。可见兴趣对学习产生基础性、决定性作用。而男孩进入青春期后，课程内容会增加，学习负担会加重，如果男孩不能主动、积极地学习，那么，学习效率就会低下。

青春期的男孩，作为中学生的你，应该努力培养自己对学习的兴趣，只有对学习有热情，你才能真正提高学习效率。的确，学习是枯燥的，但只要你努力专注于它，你就能逐渐产生兴趣。如政治，因为它的理论性比较强，很枯燥，所以就多培养些对政治的兴趣。平时多关注些国家的大政方针政策，在遇到问题时，也把自己想象成一个公务员，想象公务员是怎样解决问题的，这样政治知识就生动起来了，其实政治就在我们身边。

为此，亲爱的儿子，你需要有意识地培养自己对学习的热情，对此，你可以做到以下几点。

1.建立良好的期望

积极期望就是从改善学习者自身的心理状态入手，对自己不喜欢的学习内容充满信心，相信它是非常有趣的，自己一定会对它充满信心。想象中的"兴

趣"会推动我们认真学习，从而逐渐对学习产生兴趣。

2.为自己树立一个小的目标

在学习之初，确定小的学习目标，学习目标不可定得太高，应从努力可达到的目标开始。不断的进步会提高学习的信心。

3.了解学习目的，从根本解决缺乏学习兴趣的问题

了解学习目的，是指你要明白学习的结果是什么、为什么要学习。学习是一个长期艰苦努力的过程，这种艰巨性往往让人望而却步，所以要认真了解学习的目的。如果你能对学习的个人意义及社会意义有较深刻的理解，就会认真学习，从而对学习产生浓厚的兴趣。

4.培养自我成功感，以培养直接的学习兴趣

在学习的过程中每取得一个小的成功，就进行自我奖赏，达到什么目标，就给自己什么样的奖励。有小进步、实现小目标则小奖赏，如让自己去玩一次自己想玩的东西；有中进步、实现中目标则中奖励，如买一本自己喜欢的书画或乐器等；有大进步、实现大目标则大奖励，如周末旅游等。通过渐次奖励来巩固自己的行为，有助于产生自我成功感，不知不觉就会建立起直接兴趣。

学习方法不对，怎么也学不好

可能很多青春期男孩都会有这样一些疑惑：为什么别人能轻松地学好，而我很努力却学不好。其实，这还是因为学习方法上的差异问题，你有一套属于自己的个性学习方法，自然能学得好。

当然，学习方法因人而异，但亲爱的儿子，你要知道，正确的学习方法应

该遵循以下几个原则。

（1）注重基础，一步一个脚印。学习不能一蹴而就，基础牢靠，才能讲求技巧，任何投机取巧、好高骛远的学习态度都是不正确的，只有一步一个脚印，打好基础，学好每个知识点，才会有成效。

（2）多思考，帮助记忆。很多学生不知道自己为什么总是记不住某个公式或者某个英语句式，这是因为你没有真正理解，记忆与理解是密切联系、相辅相成的。只有理解透彻，才能记得住；也只有多读、多记，才能帮助理解，这也就是理解记忆。"熟读"，要做到"三到"：心到、眼到、口到。"精思"，要善于提出问题和解决问题，用"自我诘难法"和"众说诘难法"去质疑问难。

（3）充分发挥学习的主动性和积极性。学习是主动的，任何强制性的学习都不会有高效的成果。

（4）将书本知识转化成实践活动。要根据认识与实践的辩证关系，把学习和实践结合起来，切忌学而不用。因此，男孩要注重实践：一是要善于在实践中学习，边实践、边学习、边积累。二是躬行实践，即把学习得来的知识用在实际工作中，解决实际问题。

总之，亲爱的儿子，你要明白，学习方法只有适合自己的才是最好的。有针对性地制订出一套独特的、行之有效的学习方法，不仅能提高你的学习成绩，更重要的是你能找到学习的兴趣和热情！

一到考试就怯场怎么办

减轻心理紧张的关键因素所在——对考试结果的期望。如果抱着轻松的心情，不太在意考试结果，那么，你自然就能心平气和地面对考试。

要缓解考试紧张情绪，你就要提前做好充分的思想准备，努力安定自己的情绪。

1.考前两天：增强自信，择要复习

你的考前复习要有所侧重，只要检查一下重点内容是否基本清楚就可以了。所谓重点：一是老师明确指定和反复强调的重点内容；二是自己最薄弱的、经常出错的地方。如果确认这些地方已没有问题，就可以安下心来，并反复暗示自己"复习很充分，一定可以"。

2.考试前夜：尽情放松，睡眠充足

考前的休息也十分重要，如果在考试前夜牺牲睡眠时间去复习，这是得不偿失的。临考前夕，要尽情放松，看看花草，散散步，减轻心理紧张度，听听音乐愉悦心情，打打球调剂大脑，早些休息，一定要避免思考过多，精疲力竭。

3.考试当天：适时到校

考试当天，首先必须做到吃早吃好。也就是说要有充足的用餐时间，最好在考前一个半小时用餐完毕。否则会因过多血液用于消化系统，使大脑相对缺血，影响大脑功能的发挥。

在考点时间上，一般在考前20分钟到校为宜。太早了，遇到偶发事件的可能性增大，极易破坏良好的心态。过迟，来不及安心定神，进入考试角色的心理准备时间太短，有可能导致整场考试在慌乱中进行，造成不必要的失误。

4.掌握一些答题技巧

你在具备了扎实的基础知识、基本技能、良好的心理品质后，考试时还应该掌握一定的应试策略，这里讲的应试策略就是科学的应试，掌握一定的方法技巧，这对达到考试目标有着至关重要的作用。总有一些男孩在考试时"怯场""晕场"，除了心理上的原因外，没有掌握科学的应试方法也是一个重要原因。

如果做出以上努力后，仍出现怯场，也不必惊慌。这时你不妨先搁下试卷，稍做一下揉面等活动，或伏案休息片刻。这种转移注意力的方法，有助于克服紧张情绪。也可采取深呼吸的方法满满呼气、吸气，同时放松全身肌肉，经过1~2分钟的放松，也能消除极度紧张状态。

制订合理的学习计划，提升学习效率

青春期男孩可能逐渐认识到学习的重要性，认识到初中课程量的加大、学习的紧张等，于是，你跨入初中大门的那一刻起，就决定要做个优秀的学生，努力学习，希望可以走在队伍前列，但事实上，你似乎总是力不从心，似乎总是感觉时间不够用，学习效率也很低。这是为什么呢？

其实，出现这种情况，是男孩缺少一个合理的学习计划，合理的学习计划是提高孩子成绩的行动路线，是帮助孩子成功的有力助手。没有学习计划，学习便失去了主动性，容易造成东抓一把、西抓一把，以至生活松散，学习没有规律，抓不住学习的重点，因而总是被其他同学远远地甩在后面。

当然，学习计划应该由你自己来制订，家长所要做的应该是一个从旁协助

的工作：帮助孩子把学习计划合理完善、监督孩子的执行、结合实际提出修改意见等，而不是越俎代庖，按照自己的希望亲自制订。

那么，你应该如何制订学习计划呢？你可以遵循以下几个原则。

1.合理安排时间，制定出作息时间表

你可以制定出一张作息时间表，在表上填上那些非花不可的时间，如吃饭、睡觉、上课、娱乐等。安排这些时间之后，选定合适的、固定的时间用于学习，必须留出足够的时间来完成正常的阅读和课后作业。完成这些后，你还要看看在时间上的安排是否合理。例如，每次安排的学习时间不要太长，40分钟左右为最佳。学习不应该占据作息时间表上全部的空闲时间，总得给休息、业余爱好、娱乐留出一些时间，这一点对学习很重要。一张作息时间表也许不能解决所有的问题，但是它能让自己了解如何支配这一周的时间。

2.学习任务明确，目标切合实际

制订完学习计划后，你可以找家长加以审核，要确保学习任务明确，目标符合实际，因为很多男孩制订学习计划时，总是"雄心勃勃"，一天的时间恨不得要完成一周的任务。这样不切实际的目标往往是导致计划不能正常执行的主要原因。

3.学习计划应与教学进度同步

在制订学习计划的时候，一定要注意与教学进度同步。只有这样，你才能把预习和复习纳进学习计划中。这就要求，在制订学习计划时，要以学校每日课程表为基准，参照学校老师的授课进度，再结合自己的学习状况。

4.计划应该简单易行而富有弹性

整个计划应有一定的机动灵活性。正常情况下，计划都应该严格按时完成，但你的生活受很多因素影响，难免会有特别的情况，所以就要求计划不能

过于僵死呆板，要有一定的灵活性，保证不至于因为一个环节不能完成而打乱后面的所有计划。

总之，亲爱的儿子，制订一份合理的学习计划，就等于为你找到了促进学习进步的金钥匙。制订严格的学习计划，养成守时、有序、高效的好习惯，是你一生受用不尽的财富。

缓解压力，快乐学习

学习压力对处于青春期的男孩来说，表现在两个方面：一方面是适当的压力会激励男孩；另一方面是过大的压力会使男孩崩溃，所以减压显得非常重要。很多男孩的学习是紧张的，但必须是放松的。只有辩证地处理好这一矛盾，才能达到理想的学习效果。而要使学习过程轻松，就要有轻松的学习心理；没有过重的心理负担，就能运转自如地学习。

那么，男孩该如何解除自己的心理负担呢？不妨试试以下方法。

1.劳逸结合

首先要保证睡眠，不熬夜。如果睡眠不足，要抽出时间补回来。另外，要适当参加运动。若时间允许，可在平时唱唱歌、跳跳舞或者参加一些集体娱乐活动。在看书做作业间隙，做做深呼吸、向远处眺望等。

2.多与老师、同学以及家长沟通

同龄人之间有相同的经历，说出来可能惺惺相惜，有助于排解紧张的心理情绪，而你的经历可能是老师曾经遇到的某种案例中的一个，他的一句话可能就会让你豁然开朗。

3.相信自己

你要告知自己：别人能考好，我也能考好，有可能我比别人考得更好。

4.掌握减压的方法

每个人都会有一些释放压力的小窍门，无论采用什么方法，只要能解决问题就是好的。例如进行深呼吸，集中注意力，放松从头到脚的肌肉。这个过程可以会花几分钟或者是10分钟。深呼吸的动作可以在课间做。

亲爱的儿子，你还可以通过自我暗示减压。怎么暗示自己？比方说：这种压力对我来讲，没什么了不起的，大家都跟我一样有压力，就看谁能够调节过来。当你认为你跟大家都一样的时候，你的压力马上就会减轻。如果早上你觉得特别烦的时候，最简单的减压办法就是格外认真地把脸好好洗洗，然后照照镜子，拍一拍：我觉得今天脸很清爽，我感觉今天神清气爽，这也是一种很好的自我暗示。

手脑并用：认真听课还要做好笔记

古人云："好记性不如烂笔头。"把笔记记在本上，这样方便查找，也不容易丢失。通过翻看课堂笔记，可以回忆起当时的课堂情景，从而有助于理解掌握知识。

当然，对于课堂笔记来说，要记些什么内容，也是有章可循的。

（1）老师列出的提纲。你应该很清楚地知道你不可能也没有必要把老师所讲的话一字不落地记下，所以你只需要记下老师列出的提纲就可以了。

（2）老师强调的重点内容。

（3）本上没有，但却是老师补充的内容。

（4）结合老师讲课的内容你个人需要加强的知识。

（5）疑点。对老师在课堂上讲的内容有疑问应及时记下，这类疑点，有可能是自己理解错误造成的，也有可能是老师讲课疏忽造成的，并记得课后及时和老师沟通。

（6）方法。勤记老师讲的解题技巧、思路及方法，这对智力培养和解题技巧培养都有好处。

（7）总结。注意记住老师的课后总结，这对于浓缩一堂课的内容，找出重点及各部分之间的联系，掌握基本概念、公式、定理，融会贯通课堂内容都很有作用。

课堂笔记的内容应当简洁扼要，最好做到既有观点、又有材料，既有主干、又有枝叶。所以课堂笔记在记录的过程中也是有一定的技巧的。

（1）不要记得太紧太密，每页右边留下约1/3的空白处，以便日后补充、修改。

（2）用词用语要简洁浓缩，使用频率较高的词语可用代号。

（3）写字要快，字迹不必要求太高，看清就行。

（4）注意听课与看书结合，有些内容可直接在书上批注。

（5）要学会使用不同颜色的笔，如有蓝色和红色两支笔，你可以用蓝色笔记录，重要的内容，如概念、公式、定理用红色笔标注出来，这样以后复习时只需看一下提纲就可以进行联想了。

这里，亲爱的儿子，你需要记住的一个原则是，无论如何，记笔记不能耽误听课，因为上课最重要的是听和理解，然后才是记笔记。如果埋头记笔记，老师讲的什么反而没有听清楚，或者只是听见了记下来了，但是没有动脑筋思

考，这样的效果就会很糟糕。

英语为什么这么难学

我们不难发现，对于英语这一门语言学科，男孩学习起来似乎更难。真的是这样吗？当然不是！没学好是因为你没有找到合适的方法。学习英语一定要做到耳到、口到、眼到、手到，听、说、读、写综合运用，才能帮你快速提高英语水平。

具体说来，男孩可以从以下四个方面入手。

1.听什么

听录音。要想提高英语听力，仅靠课堂上的录音是远远不够的，课下也要大量听录音。录音不应该选择过于难的，最好是和英语教科书配套的录音资料。要选择原声材料，这样可以纠正发音。

听英文节目。电视有英语新闻，收音机有英文讲座，这都是相当好的听力材料，而且它们的发音都比较纯正，如英国的BBC英文广播等。经常听这些英语节目，对学习英语是大有裨益的。刚开始可能听不懂，但不要着急，只要坚持不懈，就会逐渐听懂的。

另外，如果条件允许，还可以多和外国人进行交谈，这样对提高听力的帮助更大。

2.怎样说

语言最重要的作用之一就是交流，说是交流最常用的方式。要学好英语，一定要多说多练，要敢于用英语同别人进行交流。交流时，注意美式英语和英

式英语的区别，注意语势、词调等，还要特别注意自己的发音。

英语课上要尽量说英语，少说汉语。

日常生活中也要多说。为什么我们的汉语说得这么流畅呢？因为我们天天在说、时时在用，学习英语也一样，一定要多说、勤说、抓住一切机会说。

3.读什么

读是英语四大基本技能之一，被很多专家和有经验的英文学者视为最有效的学习方法。

多读单词、短语、句型，多读课文。在多读的基础上背诵课文是比较好的。书读百遍，其义自见，讲的就是这个道理。

多读是英语学习比较有效的方法，它可以使你熟悉单词、短语、句型，增加词汇，能够提高判断能力、听说能力和阅读速度，同时能够加强口语，培养语感。

4.怎样写

抄写课文是比较好的英语学习方法。抄的时候，眼、耳、口、手、脑全要工作，眼睛看着，耳朵听着，口里念着，手下写着，脑袋里思考着。同时用英文写日记、记随感，也能提高英语水平。

可见，英语学习要将听、说、读、写四种能力综合起来，它们相互联系、相互依赖、相互支持、相互促进，就像一堵墙的砖那样，缺少哪一块也不行，削弱了哪一种技能的训练，都会影响英语学习的质量。

科学安排，劳逸结合

我们发现，会学习的人都不会选择疲劳战术，他们能够成为学习上的尖子生，也是深谙"学要学个踏实，玩要玩个痛快"的秘诀。

生活中，不乏这样的青春期男孩，面对繁重的学习负担，为了不落后于其他同学或者想稳坐学习尖子的宝座，他们学习极其用功，在学校学，回家也学，不时还熬熬夜，题做得数不胜数，但成绩却总上不去。面对这样的情况，他们十分焦急，本来，有付出就应该有回报，而且，付出的多就应该回报很多。但实际的情况却并非如此。

这里就存在一个效率的问题。效率指什么呢？好比学一样东西，有人练10次就会了，而有人则需练100次。那么，如何提高学习效率呢？其实最重要的一条就是劳逸结合。

提高学习效率最需要的是清醒敏捷的头脑，所以适当的休息、娱乐不仅仅是有好处的，更是必要的，是提高各项学习效率的基础。

英国教育家斯宾认为"健康的人格寓于健康的身体"，只有保持身体健康才会保证心理健康。有许多精神紧张、压抑者通过体育锻炼，出一身汗，精神就轻松多了。科学研究证明，一些呼吸性的锻炼，如散步、慢跑、游泳等，可使人信心倍增、精力充沛。因为这些活动让人机体彻底放松，从而消除紧张和焦虑的情绪。

在学习上亦是如此，每个男孩都曾经有过这样的体会，如果某一天，自己的精神饱满而且情绪高涨，那样在学习一样东西时就会感到很轻松，学得也很快，其实这正是学习效率高的时候。因此，保持自我情绪的良好是十分重要的。

在日常生活中，男孩应当有较为开朗的心境，不要过多地去想那些不顺心的事，要以一种热情向上的乐观生活态度去对待周围的人和事，因为这样无论是对别人还是对自己都是很有好处的。这样，就能在自己的周围营造一个十分轻松的氛围，学习起来也就感到格外的有精神。讲究劳逸结合，保持乐观心境。这样，同样的时间内，就能掌握到比别人更多的知识。劳逸结合的途径大致有以下几点。

1.每天保证8小时睡眠

只有休息好，才能学习好，所以，必须保持良好的作息习惯，不熬夜，每天定时就寝。中午坚持午睡。充足的睡眠、饱满的精神是提高效率的基本要求。

2.参加体育活动，坚持体育锻炼

身体是学习的本钱。现代社会，很多青少年都处于亚健康状态，根本原因就是不注重体育锻炼。因而，学习再繁忙，也不可忽视锻炼。刻意地追求学习成绩而不放过每一分钟学习的机会却忽视体育运动，身体会越来越弱，你会感到学习越来越力不从心。这样怎么能提高学习效率呢？

3.学习要集中精力，不要分散注意力

玩的时候痛快玩，学的时候认真学，这才是最佳的也是最有效率的学习和生活方式。一天到晚埋头苦读，并不一定会有良好的学习效果，因为手不离书，并不一定是用心读书，学习时，一定要全身心地投入，手脑并用。做到学习的时候常有陶渊明的"而无车马喧"的境界，只有手和脑与课本交流。

4.积极主动地学习

只有积极主动地学习，才能感受到其中的乐趣，才能激发自己的学习欲望，也才会提高学习效率。有些男孩子，底子本来就薄，还不愿意向老师、同学请教，怕失了面子，结果成绩越来越差，这又从何谈起提高学习效率。这

时，唯一的方法是，向人请教，不懂的地方一定要弄懂，一点一滴地积累，才能进步。如此，才能逐步地提高学习效率。

5.保持愉快的心情，和同学融洽相处

轻松愉快地学习是提高学习效率的前提。每天有个好心情，做事干净利落，学习积极投入，效率自然高。另外，把个人和集体结合起来，和同学保持互助关系，团结进取，也能提高学习效率。

6.复习与整理是重要环节

学习过程中，把各科课本、作业和资料有规律地放在一起。待用时，一看便知在哪。而有的男孩查阅某本书时，东找西翻，不见踪影。时间就在忙碌而焦急的寻找中逝去。没有条理的男孩不会学得很好。

学习效率的提高，很大程度上决定于学习之外的其他因素，这是因为人的体质、心境、状态等诸多因素与学习效率密切相关。

当今社会已经不是一个"头悬梁、锥刺股"即能成功的社会，学习上也是，时间加汗水，加班加点，牺牲休息时间，完全不顾自己的身体。这种做法有损身体健康，又没有效率，往往事与愿违。青春期男孩应结合自己的生理承受力，科学地安排作息时间。即使学习紧张，紧张中也要有松弛，劳逸结合，这才符合人的心理生理规律。学习之余，打打球，唱唱歌，去郊游等，紧张的心情得以放松，压力自然也就得到缓解。同时，广泛地培养兴趣，做一些使自己舒心的事，也都有利于减轻压力。

放松心情，别给自己施压

我们不可否认，青春期男孩身上的学习压力很大一部分来自外界，如父母的、老师的、同学的，但压力终究是自身的一种精神状态，也是可以自我解除的，正所谓"日出东海下西山，愁也一天，喜也一天；遇事不钻牛角尖，人也舒坦，心也舒坦"。很多时候"烦恼"都是自找的，所谓天下本无事，学习也好，日常生活也罢，没什么大不了的，有什么事正面去面对，解决好，总会过去的。

因此，青春期男孩要明白，只有轻松自如地学习，学习才有乐趣，才会更有效率，这就需要积极进行自我调控，一旦产生障碍，形成压力，就要适当放松自己，别背负太重压力。那么，有哪些方法可以让自己的内心平衡起来呢？

1.自我鼓励，获得自信

无论做什么事，自信对于一个人来说，都是极其重要的，这关系到一个人的潜能是否能被挖掘出来。很多的科学研究都证明，人的潜力是很大的，但大多数人并没有有效地开发这种潜力，假如你有了这种自信力，你就有了一种必胜的信念，而且能使你很快摆脱失败的阴影。相反，一个人如果失掉了自信，那他就会一事无成，而且很容易陷入自卑之中。

男孩在学校的学习活动或家庭生活中，常常会遇到不愉快的事情，这时可以使用自我命令、自我暗示、自我鼓励的方法控制紧张的情绪反应。例如，多看一些名人事迹、摘抄一些格言警句等。

2.适度发泄

负性的消极情绪一旦产生，切莫闷在心里。尤其是性格内向的男孩，要设法宣泄出来。如找人倾诉、记日记或者运动，也可以大哭一场，总之，不能闷

在心里。

3.寻求补偿

补偿是指自己在某一方面有缺陷，选择其他方面的成功来代替。如有的男孩在学习方面受挫，但却在音乐方面有专长。青春期男孩应该善于发现自己的优点和长处，这样，心理不适和挫折感就减轻了，实现了心理平衡。

以平常心对待考试失利

生活中，有很多青春期男孩，他们平时学习较好，往往考试时由于发挥失常，意外考糟了，就会在一段时间内情绪低落，甚至不好的心情困扰他们正常的生活和学习。那么，男孩该如何面对考试的失利呢？

1.以正确的心态面对考试

老师让学生考试，并不是为了把学生考倒，而是要检测某一阶段的学习情况，你考试失利了，正说明你还有不足的地方，你应该庆幸自己及时发现了这一点。考试成功了，也说明你在近阶段学习状况不错。总之，考试是一把尺子，是用来衡量我们平时学习的工具。我们应该以平常心来对待。

2.适度调整你的学习目标

重视学习过程而不要过于计较考试结果，把考试当成作业，把作业看作考试，以平和的心态来对待考试，这样，即使考砸了，也不会太过失望。

3.从考试失利中总结经验教训

考试失利并不可怕，可怕的是你停留在那个成绩上不肯总结考试的经验教训，从而得不到进步。要知道，一次失利并不代表次次失利，只要你从这次考

试中找到自己失利的原因，你就能在下次考试中规避类似问题，避免出错，好成绩自然会有的。

为此，你自己要认真地想个明白，考试失利是自己知识没有学好，还是考试时太粗心了。如果是课本知识没学好的，就要加强学习，对每个问题都要理解透彻，努力弄懂弄通，同时，加强练习，熟悉各种题型，打实自己的基础。如果是考试太粗心，考试时做到细心细致，以免粗心大意造成不必要的丢分。学习是件很轻松、很愉快的事，学习时快活学习，玩时痛快地玩，放松自己就是解放自己。

4.学会调节情绪

考试失利后，你要及时从坏情绪中走出来，不然会影响到下一阶段的学习，甚至可能引起恶性循环。

5.制订可行的弥补计划

当你考试失利后，要及时调整好心态，然后以饱满的热情投入到以后的学习中，但同时，你要做的是，根据自己的具体情况制订一个可行的计划。在制订计划时不能急于求成，一步登天，要有短期的目标，能使自己有成功的体验，从而增强学习、考试的信心。如果我们将目标确定太高或太低，就会失去目标与计划的实际意义。

亲爱的儿子，你要知道，人生不如意十之八九，考试失利不过是命运对你心理承受能力的一种考验罢了。失利了，别失意，若以坚强的意志与自信跨过逆境，你就会在人生大道上迈出更坚实的步子，获得意想不到的胜利和快乐。其实，考试的结果并不重要，用轻松的心态考试，或许你收获的又不一样！

记忆力差怎么办

记忆力差是很多青春期男孩苦恼的事情之一。课堂上学的知识很快就忘记了，有时候一个单词本来已经熟练地记下了，可很快就忘记了；做事丢三落四。这些都是记忆力差的表现，事实上，记忆力也是可以提高的。

提高记忆力的过程，实际上也是克服遗忘的过程，培养良好的记忆能力也不是什么不可能的事，只要你能在学习活动中进行有意识的锻炼。以下是几种增强记忆的方法。

1.兴趣学习法

兴趣是最好的老师，这话并不是毫无根据的。如果你对学习毫无兴趣，那么，即使花再多的时间也是徒劳，也难以记住那些知识点。

2.理解与记忆双管齐下

理解是记忆的基础。只有对知识点加以分析，然后理解，真正了熟于心，才能记得牢、记得久。仅靠死记硬背，则不容易记住。对于重要的学习内容，如能做到理解和背诵相结合，记忆效果会更好。

3.集中注意力学习

其实，课堂上的时间是最好的学习和记忆时间，充分利用好了课堂时间，课后只要稍花时间，加以巩固，就能牢固掌握知识。相反，如果精神涣散、一心二用，就会大大降低记忆效率。

4.及时复习

遗忘的速度是先快后慢。对刚学过的知识，趁热打铁，及时温习巩固，是强化记忆痕迹、防止遗忘的有效手段。

5.多回忆，巩固知识

要真正将某项知识记牢，就要经常性地尝试记忆，不断地回忆，这一过程要达到的目的是，使记忆错误得到纠正，遗漏得到弥补，使学习中的难点记得更牢。

6.读、想、视、听相结合

同时利用语言功能和视听觉器官的功能，来强化记忆，比单一默读效果好得多。

7.运用多种记忆方法

记忆的方法有很多，如联想记忆法、分类记忆法、图表记忆法、形象记忆法等。多种方法结合使用，可提升记忆水平。

8.科学用脑

在保证营养、积极休息、进行体育锻炼等保养大脑的基础上，科学用脑，防止过度疲劳，保持积极乐观的情绪，能大大提高大脑的工作效率。这是提高记忆力的关键。

9.掌握最佳记忆时间

一般来说，上午9～11时，下午3～4时，晚上7～10时，为最佳记忆时间。利用上述时间记忆难记的学习材料，效果较好。

总之，知识的积累，就像建造房子，从砖到墙、从墙到梁，是一个循序渐进的过程。亲爱的儿子，你学习的时候，也一定要掌握一定的方法，这样，你复习的时间不需要很长，但效果会很好。磨刀不误砍柴工，就是这个道理！

克服偏科，均衡发展

每个中学阶段的男孩，也要以张汉威为榜样，在学习上做到学科均衡发展，不可偏科。

俗话说，兴趣是最好的老师。在学习中，兴趣是一种强大的动力，一旦人们对某一学科产生兴趣，就会促使他们积极探索，克服困难，直至成功。但中学阶段的大部分学科知识比较枯燥，再加上一些学生可能不喜欢某门学科的老师，或者学习底子差，进而逐渐开始不喜欢这门课，而对学科没有兴趣也让他们没有了学习这门课的动力，学习成绩自然会下降。

可能有不少男孩都有这样的烦恼，对于自己不喜欢的学科，越是不喜欢，就越不想学。久而久之，导致自己学习成绩越来越差，那么对待不感兴趣的学科应该怎样对待呢？

1.正确认识不同学科的价值和意义

你不喜欢某一门学科，可能是因为你对这门学科的重要性认识不足。而且有些课的内容本身枯燥，不一定是老师的责任。但是如果你承认它"有用"，那么就必须学习。学会去做好不喜欢做的事情，也是人在成长中必修的一课，无法任性地逃避。

例如，你不喜欢英语，但英语是一门工具课，无论你将来从事何种职业，都是必须的。如果你等到需要用的时候再努力，就失去了最佳的发展时机。再如，学历史这个问题，也许你会说，我将来准备搞理工科，不知道历史知识没关系。其实不然，生活中，我们处处可体会到历史对我们的影响。不懂历史，可能会贻笑大方。

2.假装喜欢，你就能真的对这门学科产生兴趣

人的态度对学习是很重要的，有时态度决定一切。心理学的研究表明，当一个人对某一事物不感兴趣时，可以假装喜欢，告诉自己，其实我挺愿意去做这件事的。这样一段时间以后，你就会在不知不觉中改变自己的态度，变得对这件事情感兴趣了。

3.不擅长的学科，适当降低要求

其实很多东西，在你不会、没有获得成就感的时候，往往是"没意思"的；如果你迫使自己去学习，并获得进步，这时可能就能发现兴趣。

如果你在这些学科上学习成绩不太理想，不要过分焦虑，不妨降低一点目标，采取逐步提高的办法。同时，也可以了解一下别人的学习经验，加以借鉴。要相信，一分耕耘，一分收获。当你的成绩有所进步时，你的信心会因此得到增强，学习兴趣也就相应地得到了提高。

总之，亲爱的儿子，你需要明白的是，所有的课程，都是你向别人学习的机会。三人行必有吾师，因此，无论你喜欢不喜欢一门课，你都要努力培养自己学习的兴趣，只有这样，你才能真正端正态度，努力学习。

第7章

风雨青春，不要让心理问题影响你

青春期是每个男孩从孩童过渡到成人的时期，他们开始意识到自己不再是孩子，而是大人，他们希望自己能像成年人一样受到尊重，自尊感明显增强，做事喜欢自作主张，不希望成年人干涉，渴望独立，他们对父母和老师之言不再"言听计从"了，往往嫌父母和老师管得太严、太啰唆，对家长和老师的教育容易产生逆反心理。伴随青春期而来的还有一系列的心理问题，对此，每个男孩都要清楚的是，无论遇到什么问题都一定要说出来，有心事闷在心里对于身心发展都是不利的，善于与周围的人沟通，才是解决青春期心理问题的正确方法。

好兄弟就要讲义气吗

一些孩子，一到初中，随着年龄的增长、视野的开阔，对外界事物所持的态度和情感体验也不断丰富起来，他们渴望交友，建立自己的交友圈子，结识几个哥们儿，相互之间还称兄道弟，并盟誓要有福同享、有难同当等，这就是哥们义气。

青春期的孩子要想摆脱哥们义气的负面影响，就要了解以下两方面知识。

1.什么是"哥们义气"

"哥们义气"是一种比较狭隘的封建道德观念。它信奉的是"为朋友两肋插刀""士为知己死""有难同当，有福同享"，即使是错了，甚至杀人越货、触犯法律，也不能背叛这个"义"字。总之，它视几个人或某个小集团的利益高于一切。因而，它与同学之间的真正友谊是截然不同的。

其实，这时的男孩有一个比较显著的特点是比较单纯，喜欢交往，注重友情。在同学的交往中，这种感情是最真挚的。但也不排除由于各种因素的影响，一些同学缺乏明确的道德观念，分不清什么是真正的友谊，甚至把"江湖义气"当成交朋友的条件，而使自己误入歧途。

2.什么是真正的友谊

友谊应该是人与人之间的一种真挚的情感，是一种高尚的情操，友谊使你赢得朋友。当遇到困难和危险时，朋友会无私帮助，如果有了烦恼和苦闷时，可以向朋友倾诉。

友谊与哥们儿义气是不同的，友谊是有原则、有界限的，友谊对于交往双方起到的都是有利的作用，因为友谊最起码的底线是不能违反法律，不能违背社会公德。而"哥们义气"源于江湖义气，是没有道德和法律界限的，只要为"哥们"两肋插刀，这就是他们所信奉的。友谊需要互相理解和帮助，需要义气，但这种义气是要讲原则的，如果不辨是非地为"朋友"两肋插刀，甚至不顾后果、不负责任地迎合朋友的不正当需要，这不是真正的友谊，也够不上真正的义气。

理解什么是友谊，也是青春期男孩成熟的表现。总之，亲爱的儿子，青春期的你重视友谊，这我们理解，但你要理解什么是真正的友谊，千万不要中了"江湖义气"的流毒。

割除嫉妒这颗毒瘤

嫉妒并不是女孩的专利，男孩也会产生嫉妒心理：主要表现为对学习优秀者、对外貌俊美者嫉妒、怨恨，甚至刻意拆台或报复，以达心理平衡。

青春期男孩，你要想到，男子汉应该有宽大的胸怀，应该努力证明自己，而不是嫉、怨恨比自己优秀的人。心理学家艾里克逊特别强调指出，青少年心理自我调节的重要任务就是了解自己，建立起正确的自我认同和坚强独立的自我意识。对于嫉妒心理，青春期男孩应该采取以下方法自我调节。

1.自我反省，用客观的态度审视自己和他人

青春期的男孩，已经逐步有自己的价值观和人生观，对待周围的事物，也会慢慢有自己的见解，这是因为他们观察的结果，而同样，对待自己，你也

要进行一定的观察，观察自己就是反省。反省过程中要注意，要多思考，无论遇到什么事，都能静下心来好好想想，然后平心气和地进行分析，包括自己的现状，自己与人相处的状况，自己的一些优点和缺陷，自己整个的人生理想，等等。当然，在反省中要避免情绪化，不要为一点小事钻牛角尖，也不要过于自信变得骄傲，要不偏不倚，尽量用客观的眼光看自己，接纳自己偶尔产生的矛盾心理和孤独感，不需要过多地担忧，并时常提醒自己尽力克服自卑和嫉妒心理。

2.与人为善，学会表达爱

一个懂得关爱他人、懂得付出的男孩一般都会有较好的人际关系。通过两性的人际交往，男孩可以更好地明了自己在别人心目中的位置，及时地改正不足之处，这样可以形成更为完整的自我形象。这对排解内心里的矛盾心理和孤独感也非常有利。

3.接纳自己的不足，并努力提升和完善自己

人无完人，但任何一个人，也都有自己的优点，也不可能一无是处。明白这个辩证的道理，有利于你接纳自己。接纳自己就是指不仅看到自己的优点，从而更加自信地去学习和生活；而且还指能意识到自己的缺点和不足之处，不是去否定它，而是通过接纳然后想办法改进它们，这就是要完善自己，这里的关键是要求青春期男孩相信自己是有价值的人，从而全力以赴地去实现自己的价值。

亲爱的儿子，爸爸妈妈希望你能明白，有嫉妒心理这也不足为奇，谁都不可避免产生嫉妒心理，但理智的人可以调节自己，打消这些感觉，这一过程中，自我肯定就显得弥足珍贵。

不如别人，我这样是自卑吗

进入青春期后，男孩的生活环境、学习环境明显改变了，另外，从前被老师重视的境况也改变了，自己不再是老师关照的尖子生，周围优秀的同学太多，小学时的玩伴也有了自己新的生活圈子。于是，男孩会变得心情低落并自卑起来，学习失去了兴趣，不愿意与人交往等，成绩也随着下降。

要摆脱这种自卑心理，男孩需要做到以下几点。

1.正确评价自我，你是特别的

你的那些所谓"缺点"，那些你不喜欢自己的特质，其实是你最宝贵的财富，只是你在表达的时候程度过于强烈了。就好像放音乐一样，声音过大，就会让人觉得很不舒服，但是如果我们把音量调小，你自己和你周围的人都会意识到，那些你所谓的缺点正是你的优点。你所要做的，就是在适当的时间、适当的地点，用适当的方式将它表达出来而已。这时你会发现你仍然特别，仍然被无限地爱着。

因此，你要本着实事求是的态度，要学会用正确的、辩证的眼光看待自己，要充分认识自己的能力、素质和心理特点，在不夸大自己的缺点的同时，也不避讳自己的长处，这样才能确立恰当的追求目标。用这样的心态，你才能取长补短，在看清楚自己不足的同时，将自卑的压力变为发挥优势的动力。

2.提高自信勇气

要相信自己的能力，学会进行积极的自我暗示：我并非弱者；我并不比别人差；别人能做到的，我也能够做到，只要我付出努力；既然我选择了，我就要努力达到自己的目标，决不放弃；我不必自卑，人无完人，别人也不是完美的。

3.积极与人交往，发展健康的人际关系

想摆脱自卑心理，应积极与他人交往，发展健康的人际关系。那么，如何才能交到益友呢？

（1）培养自己交往的品质。真正的友谊需要坦诚的沟通、尊重、同情与理解、负责、宽容，以及愿意为保持这种友谊而努力。当你想交往真正的朋友时，你就要懂得付出，不要只想着朋友能为你做什么。

（2）自重和尊重朋友。你可能会想：但愿我有这样一个朋友，他会听我的话，理解我，并且使我不会孤独，他不要有什么我不能接受的个性。不幸的是，你没有权利来改变他人。你不能迫使他人为了友谊来满足你的需要。如果你希望被爱和被尊重，你首先要做到的是自爱和自尊；如果你希望交到朋友，你就必须学会尊重他人个性的差异。

亲爱的儿子，爸爸妈妈希望你能正确地认识自我，接纳自己的不完美，用正确的心态和品质去与人交往，这才能变得自信起来！

面对挫折不知所措

处于青春期的男孩，所承受的压力随着时代发展越来越大，他们处于人生的转折点，不能避免许多失败、许多不顺利，所以心理问题也就随之而来。

青春期男孩的挫折，主要来自以下几个方面。

1.学习挫折

学生的挫折多半与学习有关，这一点，在那些学习成绩优异的男孩身上体现得更为明显，他们是老师眼中的乖孩子，是同学们眼中的佼佼者，更受

到家长的宠爱。时间长了，他们形成"只能好不能差"的思维定式，对失败缺乏必要的心理准备，一旦某次考试出现失误，便会感到心理压力增大，产生强烈的挫折感；而同时，也有一些男孩子，因为长期学习成绩欠佳，也被周围的同学歧视、老师不重视、家长打击，那挫折感就如影随形。因学习上遇到挫折而产生苦闷是正常的，关键在于能否振奋精神，正视自己的失败，找到问题的症结所在，从而获得战胜挫折的力量。俗话讲"失败是成功之母"，就是这个道理。

2.交往挫折

青春期，一颗懵懂的心很渴望交流，恰当的交流对男孩的身心发展是很有利的。但是有些男孩却在人际交往中感到不适、惶恐，害怕与人接触。有些男孩在交往中遇到问题时，常常认为是自己缺乏能力所致，久而久之，对自己失去信心。其实交往障碍的实质是不安、恐惧心理的一种自我强化，并不是因为自己"无能"。

3.情感挫折

情感挫折一般有以下三类情况。

（1）亲情上的挫折：如父母离异、亲人死亡等。

（2）爱情上的挫折：如早恋、单相思、失恋等。

（3）朋友聚散带来的情感挫折：因为朋友的变故而造成情绪、情感波动的情况时有发生。每个人都在不断地付出着，同时也在不断地等待着情感上的回报。当朋友欺骗了自己，或是背叛了自己的时候，多数男孩会感到伤心、愤怒甚至仇恨。

你可以从以下几个方面减轻自己的挫败感。

1.做好迎接挫折的心理准备

你要明白，没有人的一生会是一帆风顺的，谁都有可能遇到挫折。只要你做好随时迎接挫折的准备，你就没有什么可怕的。

2.培养坚强的意志

贝多芬说："卓越的人一大优点是：在不利与艰难的遭遇里百折不挠。"意志力是一种重要的品质，每个男孩在成长的过程中都应该有意地培养，尤其是抗挫折的意志力。有了坚强的意志，就能理智地要求自己、控制自己，冷静、全面地看待生活中的挫折，增强对挫折的耐受力。

3.懂得倾诉

人在遇到挫折时，往往会出现消沉、苦闷、焦虑等情绪状态，建议你能够向父母、老师或知心朋友倾诉衷肠，这样做一方面会缓解沉重的心理压力，另一方面从中会获取应对挫折的勇气和方法。

挫折，既能锻炼一个人、激励一个人，也能摧毁一个人，关键在于如何对待它。遇到挫折后，逃避是消极的反应，只要你积极地面对挫折，即将挫折视为通往成功的必经之路，你就能战胜挫折，将挫折踩在脚下。

警惕抑郁，预防精神感冒

很多数据和事实一再说明了这样一个令人遗憾和痛心的现象：有心理障碍的人，大多数都从来没有寻求过心理帮助。很多人之所以会选择自杀，就是因为他们有过多的心理压力而又不向他人倾诉。现实中多数人还是会回避自己的心理问题，不去勇敢地正视和面对它，没有积极地进行规范治疗，结果导致悲

剧事件屡屡发生。

每一个男孩，都不能忽视抑郁这一问题，生活中，如果你有如下几大主要症状，那么，你一定要注意，这表明你抑郁了。

（1）大部分时间感到沮丧或忧愁。

（2）缺乏活力，总是感到累。

（3）对以前喜欢做的事情缺乏兴趣。

（4）体重急剧增加或急剧下降。

（5）睡眠方式的巨大改变（不能入睡、长睡不醒或很早起床）。

（6）有犯罪感或无用感。

（7）无法解释的疼痛（甚至身体上没有任何毛病）。

（8）悲观或漠然（对现在和将来的任何事情都毫不关心）。

（9）有死亡或自杀的想法。

有死亡或自杀的想法时，你一定要引起重视，这表明你抑郁了。

每个渴望快乐的男孩，都不能忽视抑郁这一问题，抑郁会严重困扰你的生活和学习，给家庭和社会带来沉重的负担，严重的还会导致抑郁症。它会赶走你的积极情绪，使你对周围的人丧失爱。而摆脱抑郁，最重要的是与别人交流，敞开自己的心扉，才能找到病症，对症下药。

那么，男孩，如果你抑郁了，该如何做呢？

1.完善个性品质

只要你拥有良好的交往品质，愿意去结交朋友，就能受到朋友的喜欢，慢慢地，心结也就能打开了。"人之相知，贵相知心"。真诚的心能使交往双方心心相印，彼此肝胆相照，真诚的人能使交往者的友谊地久天长。

2.学习交往技巧

可以多看一些有关人际交往类的书籍，多学习一些交往技巧，同时，可以把这些技巧运用到人际交往中。长此以往，你会发现，你的性格越来越开朗，你的人际关系也会越来越好。同时，你会发现，你会收获不少知识，你的认知上的偏差也能得到纠正。

3.寻找值得信任的朋友

只有值得信任的朋友，他们才会为你保密，真心地帮你解开心结。

4.不要为朋友带来困扰

你需要向那些内心坚强的朋友求助，如果朋友比你更容易产生抑郁情绪，那么，你只会为他带来困扰。

5.必要时应该寻求心理医生的帮助

亲爱的儿子，如果你觉得你的朋友不能帮助你脱离内心的煎熬，那么，你应该告诉父母，然后让心理医生来为你解疑答惑。

一件事情反复做，是青春期强迫症吗

所谓强迫症，就是一种以强迫观念和强迫动作为特征的神经官能性疾病，包括强迫观念和强迫行为，强迫观念属于一种情绪障碍，强迫行为则是在这种情绪支配下表现出的外表行为。患有强迫症的男孩，在同年龄段人群中不到0.5%，但在10～12岁的青春早期少年中相对多见。男孩的强迫动作发生率高于女孩。

那么，青春期男孩患强迫症的原因是什么呢?

青少年的强迫症大多与自幼养成的个性特征也有关。一般来说，患强迫症的男孩胆小谨慎、做事优柔寡断，不喜说话，少年老成，同时，做事不善于创新，比较古板，甚至爱钻牛角尖，适应陌生环境较慢，等等。另外，家庭生活环境与强迫行为的发生与发展也有一定关系。例如，有些家庭生活环境较为严肃，日常生活中缺少乐趣，或者父母对于男孩的要求很高，再或者某些父母喜欢体罚男孩等。强迫观念则往往是各种生活事件的持久影响结果。亲人亡故、父母离婚、长期住院、抚养者本身多年境遇不顺、家庭生活环境阴郁等，都会给青少年带来持久的心理紧张和适应不良，引发各种强迫观念的习惯化。

不过与成年强迫症患者相比，青春期很多精神因素都处于可塑期。一般来说，情况都会轻得多，因而治愈的可能性更大。

对已存在强迫症的青春期男孩来说，应通过正确的方法来对强迫观念或强迫行为进行矫治。具体措施有以下几种。

（1）懂得自我认知，解释自己的心理。男孩要让自己明白，强迫症属于神经官能症的一种，不是精神有问题，更不要为此焦虑和紧张。

（2）充实自己的生活，使生活丰富和多样化。可以发展一些生活兴趣，如培养自己在某一些方面的特长并加以发扬，另外，也可以从生活小事做起，如养小动物等，使生活多彩化、乐趣化，逐步使原有的强迫观念与行为淡化。

（3）主动走出去，多交朋友。青春期男孩都渴望交往，以倾吐自己的心事，因此，患了强迫症的男孩，可以鼓励自己多和伙伴交往，尤其要积极参加各种集体活动，使自己有相互模仿、学习榜样行为的机会。这就是很多患强迫症的病人不药而愈的原因。

亲爱的儿子，青春期是人生中美好而又危险的阶段，说其美好是因为青

春期是阳光灿烂的，说其危险主要是因为处于青春期青少年很容易出现心理问题，不加控制可能引发疾病症状，青春期强迫症就是能够将他们推入绝境的疾病之一。因此，青春期男孩一定要学会自我控制和调节自己的情绪，学会排解内心的不快，你会健康、快乐地过好每一天！

赶走焦虑，找回快乐的自己

焦虑症即通常所称的焦虑状态，全称为焦虑性神经病。

那么，什么是青春期焦虑症呢？焦虑症是一种具有持久性焦虑、恐惧、紧张情绪和植物神经活动障碍的脑机能失调，常伴有运动性不安和躯体不适感。发病原因为精神因素，如处于紧张的环境不能适应，遭遇不幸或难以承担比较复杂而困难的工作等。

处于青春期的男孩向来是焦虑症的易发人群，他们的生理与心理都处于人生的转折点。许多男孩在这一期间，会变得异常敏感、情绪不稳，由于身心都没有发育成熟，往往无法正确排解自己的不良情绪，可见，青春期焦虑症是一种常见的心理疾病。

青春期是人生的转折点，身体上的变化也给男孩的心理带来一些冲击，他们会对自己的身体产生一种神秘感，甚至不知所措，他们可能因此自卑、敏感、多疑、孤僻。青春期焦虑症会严重危害男孩的身心健康，长期处于焦虑状态，还会诱发神经衰弱症。那么，青春期男孩应该怎样自我调节这种病态的情绪呢？此处介绍几种自我疗法。

1.积极暗示疗法

你首先应慢慢地树立起信心，正确认识自己，坚信自己能战胜遇到的挫折，能将遇到的各种突发事件处理好，并相信自己可以恢复到身心健康的状态，战胜焦虑症。通过暗示，每多一点自信，焦虑程度就会降低一些，同时又反过来变得更自信，这个良性循环将帮助你摆脱焦虑症的纠缠。

2.对症下药疗法

每种情绪的产生都是有原因的，病症也是如此。青春期焦虑症是情绪体验的一种。有些男孩成天忧心忡忡、惶惶犹如大难将至，痛苦焦虑，不知其所以然。此时，你应分析产生焦虑的原因，或通过心理医生的协助，把深藏于潜意识中的"病根"挖掘出来，必要时可进行发泄，这样，症状一般可消失。

3.自我放松疗法

放松恰好是与焦虑相反的一种情绪体验，如果你能够学会自我深度松弛，必定是有利于治疗焦虑症的。

阳光青春，别做孤独少年

进入青春期的男孩都有这样一种体验：觉得自己是大人了，成熟了，可是师长眼里的自己却永远是不懂事的孩子，于是，一切事情在一夜之间都变了，他们不再什么都向父母倾诉了，也觉得周围的人不理解自己。于是，他们变得孤独了。

一般来说，青春期男孩孤独感有以下几个方面的表现。

1.社交恐惧

孤僻的男孩不愿意释放自己的内心，人们往往会因此远离他们，而那些乐于和善于与人交往的人则能和大多数人建立良好人际关系。

2.行为偏激

很多青春期男孩一遇上不顺心的事，就采取过激行为，这就是内心孤独的表现。一般来说，正常的行为应该是积极、主动和富有建设性的。

3.自我控制情绪的能力差

青春期的男孩，情绪控制能力低于其他任何时期，现实生活中，因和老师怄气而轻率选择逃课的男孩屡见不鲜，是因为他们在成长过程中忽略了对良好情绪反应能力的培养。而理想的心理状态应该是情感表现乐观而稳定，而不是莽撞和冲动。

4.缺乏良好的意志品质

意志品质良好的人，有一定的独立性，自控力和抗打击能力强，能经得起挫折的考验，做事果断，绝不优柔寡断。

5.对某些人和事的依赖性过强

心理健康的人应该表现出独立自主的思想和行为特征，不拒绝帮助，但也不纵容自己的依赖心理。现在很多男孩事事依赖老师、家长"权威"，还有男孩对电子游戏、网络等有严重依赖，其生活的大部分乐趣来自现实之外的虚幻世界而不能自拔。

以上这些症状都是青春期男孩心理孤独的外在表现，实际上，这种孤独感正是男孩自我意识发展的一种表现，随着年龄的增长、社会生活经验的丰富和自我探索的深入，他们会逐渐获得一种熟悉自己、对自己有信心、有把握的感觉。这时，他们既能够独立思考，也会乐于与人交流。但男孩，你要明白，长

期孤独会对你的身心健康造成不利的影响。长期处于孤独的男孩涉世浅、经验少，社会适应能力差，受到挫折易烦躁郁闷。若不及时疏导就会心理封闭，积郁成疾，性格改变，产生精神障碍。

亲爱的儿子，如果你也感到内心孤独，你必须首先主动去接近别人，要改变自我，使别人愿意接近自己。最好的方法就是关心、帮助、尊重别人。其次要多和父母、老师沟通。他们都是善意的，只有让别人了解自己才能得到别人的理解。最后要对自己有信心，相信自己能超越自我、超越困境；在积极思考和行动中你会获得充实感与快乐。

第8章

合理地梳理心情，男孩不要太叛逆

　　每个男孩进入青春期后，随着身体的发育，他们在心理上都会发生剧烈变化，他们的独立意识开始逐渐萌芽并增强，开始认识到自己不是小孩子了，他们自尊感明显增强，做事喜欢自作主张，渴望独立，往往嫌父母和老师管得太严、太啰唆，对家长和老师的教育容易产生逆反心理。其实，要减少这种逆反心态和情绪，除了父母和老师需要努力外，男孩也应该从自身找原因。消除这种抵触情绪的方法主要靠理解，不仅要理解师长，也要告诉他们你自己的感受，让他们理解自己，进而消除矛盾，让自己平安、顺利地度过青春期。

有心事了该怎么办

青春期的男孩，都开始逐渐形成自我意识，开始不服家长的管教，也就是进入叛逆期。叛逆期的一个典型表现就是与父母疏远，不再向他们倾诉。我们发现，一些男孩似乎总是与世隔绝，放学后一回到家中，便大门不出，二门不迈，也只有网络能将他们与世界连接上，而这些男孩也似乎只有在网络里才可以找到听懂他的话、了解他的人，这就是很多青春期的孩子迷恋网吧的原因。更为严重的，有些男孩感到自己孤独，他们发泄心事的方式很偏激，有的通过身体，有的通过沉默，有的通过幻想，这也造成了诸如多动症、抑郁症、迷恋网吧，更有甚者通过打架、行凶、吸毒来释放。其实这一切的表现都来自人需要释放的本能，这些男孩发泄完后，也发现自己的行为过火了，也很悔恨，但却找不到控制自己的办法，然后就又寻求其他方式发泄自己的内心感受。如此循环，却始终找不到排泄内心能量的出口。

其实，当你有心事时，要学会和别人分享，不要自己硬抗，缺少有效的沟通，会造成很多心理压力和心理疾病，如抑郁症、焦虑、强迫等。这些心灵的创伤很大一部分就来自不能释放自己的情绪，当内心的情绪被锁定在生命中无法释放时，生命的动力、创造力、智慧、人际关系都被压抑在其中。

因此，亲爱的儿子，当你有心事时，不妨和父母沟通，这样通过倾诉你就可以释怀。生活中，你与父母之间存在一些代沟，不仅仅因为父母工作忙、没时间，也和他们的拒绝沟通有关，在以往的生活体验中，很多男孩都有过这样

的经历，很多事情选择独自承受，不愿意和父母分享。当你有话不能讲、不愿讲时，距离就产生了，这是人为制造出来的距离。换个角度，如果有一天你的孩子有话不愿意对你说，你的感觉又如何呢？

我们都知道，父母毕竟是过来人，人生阅历比你多，你遇到的一些心事，也许父母能给你解决的方法，敞开心扉交谈，远比你一个人扛好得多。

再者，老师和朋友也是你很好的倾诉对象。你的心事只不过是老师遇到的一个个案而已，他能为你提供最好的解决办法。而当你无法和老师沟通时，或许同龄人可以理解你，因为他会有同样的体会。总之，青春期男孩，你有一定的承受能力，别让心事压垮自己，学会倾诉，学会沟通，心事才会随风而去，你才会快乐。

火气重，脾气暴躁怎么了

日常生活中，如果我们被人叫作"胆小鬼"，兴许我们会生气，但绝不会太过情绪激动而做出一些伤人害己的事。其实，这是因为青春期是一个负重期，随着时代的进步，尤其是男孩，他们的压力也越来越重，他们至少面临以下三方面的压力和挑战。

（1）身体发育速度加快，能量的积蓄让他们容易产生情绪。

（2）学习上的任务重，升学压力大，竞争激烈。

（3）要求交流的意愿和渴望独立的想法日益强烈。

这三方面的压力常常交织在一起，矛盾此起彼伏，而青春期男孩的心智并没有发育完全，毕竟，他们还是一群大孩子，也不懂得如何缓解这些压力，在

日常生活中一旦受到刺激，他们不像成年人那样善于控制或掩饰自己，而是常常喜怒皆形于色，发火就成了常有的事。美国的一位心理专家说："我们的恼怒有80%是自己造成的。"而他把防止激动的方法归结为这样的话："请冷静下来！要承认生活是不公正的。任何人都不是完美的。任何事情都不会按计划进行。"

所以，青春期男孩要告诉自己："发火前长吁三口气。"事实上，很多事情都不会像想象的那么严重。如果不学着控制自己的情绪，任着性子大发脾气，不仅解决不了问题，还会伤了和气。

当然，心中不快，有火气是需要发泄的，不能把这种不快的情绪一直郁结在心中，但也不能把这种情绪传染给别人。你可以通过读小说、听音乐、看电影、找朋友谈心来宣泄自己的这种情绪，也可以大哭一场。不要以为哭只是脆弱的表现，大哭一场可以宣泄你心中的苦闷，找回心理平衡。如果压抑的情绪一直没有得到宣泄和疏导，对身心的危害将会更大。

男孩天生是运动健儿，你还可以通过运动锻炼来缓解自己想发火的情绪。科学家认为，有氧运动，如散步、慢跑、游泳和骑自行车等，可使人信心倍增、精力充沛。因为这些活动能使人的机体得到彻底的放松，从而摆脱不良情绪。

情绪多变的青春期，男孩应学会管理自己的情绪

我们知道，一个人是否成熟的标志就是是否能控制自己的情绪。对于青春期的男孩来说，你已经不是小孩子了，不能高兴了就笑、伤心了就哭、生气了

就闹。为此，你必须学会管理自己的情绪。以下是几点情绪管理的建议。

1.积极的语言暗示

日常生活中，我们与人交谈要运用语言，而其实，语言还有其他很多功用，其中就包括心理的暗示，语言暗示对人的心理乃至行为都有着奇妙的作用。

当你心有不快，想要通过发火的方式来发泄时，你可以通过语言的暗示作用来调整自己，以使自己的不快得到缓解。例如，你的同学做了伤害你的事，你很想找他理论，并将他骂一顿，那么，此时，为了不让事情发生严重的后果，你在冲动前可以告诉自己："千万别做蠢事，发怒是无能的表现。发怒既伤自己，又伤别人，还于事无补。"在这样的一番提醒下，相信你的心情会平复很多。

2.放松、调整自己

当你遇到不快的事时，最好的方法就是到一个无人的地方大喊几声，或者去从事一些体力劳动，去操场锻炼身体，当你的这些心理压力通过身体上的能量转换成汗水以后，你会发现，你的心情会好很多，气也就顺些了。当你生气的时候，你也可以拿出你的小镜子，看看生气时候的你是多么难看，那么，不如笑笑，我笑，镜中也笑，苦中作它几次乐，怨恨、愁苦、恼怒也就没有了。

3.自我激励，原谅对方

激励是人们精神活动的动力之一，也是保持心理健康的一种方法。当周围的人让你生气时，你不妨自我激励，告诉自己，如果我原谅他了，我的品质又提升了一步。自然就压制住了要发火的倾向。

4.创造欢乐法

心绪不佳、烦恼苦闷的人，看周围一切都是暗淡的，看到高兴的事，也笑

不起来。这时候如果想办法让自己高兴起来，笑起来，一切烦恼就会丢到九霄云外了。笑不仅能去掉烦恼，而且可以振作精神，促进身体健康。

亲爱的儿子，爸爸妈妈希望你能学会管理自己的情绪，并逐渐成熟起来！

内心总有股无名火如何宣泄

很多男孩常常说"内心总有股无名火"，他们常常会对他人怒目相向。作为男孩，即便出现了一些令你气愤的事，也要把控好自己的情绪。这样，不仅会显示自己的大家风范，获得尊重和敬仰，也会收获到很多快乐。

马克·吐温说："世界上最奇怪的事情是，小小的烦恼，只要一开头，就会渐渐地变成比原来厉害无数倍的烦恼。"而对于智者来说，在烦恼面前，他们不会愤怒，因为他们深知，愤怒是十分愚蠢的行为，只会让自己陷入糟糕的情绪循环之中。

对于青春期男孩来说，你应把控制自己的情绪、抑制自己的愤怒作为修炼自己良好性格的重要方面。

那么，怎么做才能完美地化解自己的愤怒呢？

1.认识自己发怒的原因

当你的情绪稍微冷却下来以后，你可以试着认识自己发怒的原因。你是不是因为同学总是对你的体重或发型冷嘲热讽而气恼不已？是不是你的朋友在你背后说了你的坏话？要预先想好发生这种情况时消除怒气的方法。

2.使用建设性的内心对话

赫尔明指出："许多怒火中烧的人不分青红皂白责备任何人和事：什么车

子发动不了啦；孩子还嘴啦；别的司机抢了道啦之类。使怒气徘徊不去的是你自己的消极思维方式。"既然想法是导致情绪的主因，那么，如果你是个容易愤怒的人，你就应该加强内心的想法，准备一些建设性的念头以备不时之需。例如："我在面对批评时，不会轻易地受伤""不论如何，我都要平静地说，慢慢地说"等。

当你能熟练使用这样建设性的内心对话时，你就会发现，自己花在生气的时间越来越少，而花在完成工作的时间，也就相对地越来越多了。

3.不要说粗话

不管你说的是"傻瓜"还是更粗野的词语，你一旦开口辱骂，就把对方列为自己的敌人。这会使你更难为对方着想，而互相体谅正是消弥怒气的最佳秘方。

的确，愤怒是一种大众化的情绪——无论男女老少，愤怒这种不良情绪都在毒害着他们的生活。因此，亲爱的儿子，爸妈知道你正处于叛逆期，但如果你常常动怒，那么，你最好学会以上几点调节情绪的方法，从而浇灭愤怒的火焰。

和父母做朋友，学会向父母敞开心扉

总有男孩抱怨："哎，跟父母谈不拢了，有代沟了。""我和父母没什么可说的。"所以有什么事情，最不想告诉的是父母，最晚知道的也是父母，更谈不上谈心了。面对这样一种局面，实在让人感到既悲哀又无奈。静下心来认真想想，青春期男孩为什么就不能尝试着与父母交朋友、谈谈心呢？

首先，全天下最无私的就是父母了，正如那句话说的："可怜天下父母心"，他们常常甘心为自己的子女奉献一切。其实，亲人才是最真挚的朋友啊！

其次，人与人之间，只有加强沟通，消除隔阂，才能建立和深化感情，你与父母之间存在沟通障碍，是因为你没有努力地尝试去沟通，天下的大多数父母都是明理的，虽然刚开始交流可能会困难点，但随着交流次数的增多，你们的情感、你们的思想会自然而然地贴近，沟通会变得越来越容易的。当父母看见自己的儿子愿意与自己坐下来谈心，并能交换意见的时候，就会认为你懂事了、长大了，久而久之，你与父母的关系亲近了，家庭关系和谐了，这对于你的学习和生活都是有利而无害的。

再次，父母是过来人，他们积累了大量丰富的经验。而他们的这些经验对于涉世未深的青春期男孩而言是十分宝贵的，与父母交心，能学习到很多你没有接触过的知识，这些知识在学校是无法学习到的。

总而言之，试着跟父母做朋友吧，你会受益无穷的。

迷茫，未来的路该怎么走

青春期是每个人孩提时代与成年生活的交接处，这个阶段的孩子常因为对未来的茫然而焦躁不安、不知所措。这一旅程充满了成为成人必须完成的任务，其中重要的有两项：①人际交往方面变得成熟；②找到未来事业的方向。青春期对于任何一个孩子来说，既是快乐的，又是艰难的，快乐在于他们终于长大了，艰难在于他们不得不面临很多问题。

那么，青春期男孩该如何缓解这种迷茫呢？

1.为自己找一个奋斗的目标

迷茫是因为对未来的不确定，为此，你可以咨询父母或者老师的意见，也可以根据自己的兴趣爱好，为自己找一个长远目标。有了目标，也就能专心致志学习了。

2.努力学习

无论你是想当司机、医生还是其他社会角色，你都需要足够的知识。例如，司机需要许多机械原理知识，需要地理知识，好司机需要会讲外语等，而要做好医生则需要医学知识等。事实上，未来社会，只要具备一定知识和技能的人是人才，才能实现自己的价值，同时，也才能为社会贡献力量，为此，你必须以顽强的毅力、高度的自觉性和责任感努力学习。

3.向父母倾诉

处在青春期的男孩，思想较为叛逆，什么事情都不爱跟家长沟通，总是认为自己长大了，自己的事情可以自己处理，什么事都憋在心里，长久下去就出现情绪低落。其实，如果你向父母倾诉的话，也许他们能给你很好的建议，也就不会迷茫了。

总之，亲爱的儿子，你要明白，青春期是一个你为将来离开家开始独自生活做好准备的时期。但你必须坦然面对现在，才能真正静下心来学习，最终实现自己的目标。

谎言与诚信，你该选择哪个

守信是中华民族的优良品德，更是做人的前提，而失信是不道德的行为。失信于朋友，无异于失去了西瓜捡芝麻，会得不偿失。于朋友，表面上是得到了"实惠"，但却失去了友谊。

守信，会使人对你产生敬意，也因之会使人愿意公平地与你合作。一个言而无信的人，是没有人愿意和他合作的。男孩，要想学会与人合作，就要从现在的学习、生活着手，把自己历练成为一个"言必信，行必果"的人，这样的男孩才能有迷人的人格魅力。

青春期的男孩，培养迷人的性格，要从小事做起，将守信用、讲信义培养成一个习惯。守不守信用，讲不讲信义，是一个人具不具备良好人品的表现，而它的形成不是随随便便的，而是在生活实践中慢慢形成的。百尺之台，始于垒土。为此，男孩一定要注意从小事做起，从一点一滴做起，你不妨从这些方面努力吧。

1.凡事诚实，不要敷衍任何人

要做一个诚实的人，因为只有诚实才能看清自己的未来，感受到温馨的幸福。生活中，无论是对待老师，还是同学甚至是家长，都要做到诚实面对，凡事做到问心无愧，你一定会成为一个正直的人。

2.一诺千金，不要为了面子轻易允诺他人

真诚是力量的一种象征，它显示一个人的高度自重和内心的安全感与尊严感。而作为一个小男子汉，守信更是一种具备荣誉感的表现。也就是说，不要轻易允诺别人，一旦允诺，就要尽力做到！的确是非人力之所能为的，就一定放下面子，及时诚恳地向对方说明实际情况，请求谅解。

总之，亲爱的儿子，爸爸妈妈希望你明白，一个杰出的、具备高素质和高能力的男子汉，必须信守诺言。人在少年时一定要赶快积累知识和财富，但同样也要注重德行的修养。诚信是人生最大的美德，它像一根小小的火柴，燃亮一片心空；像一片小小的绿叶，倾倒一个季节；像一朵小小的浪花，飞溅起整个海洋。

男孩如何与父亲平等交流

的确，在很多家庭，父子之间的沟通都比较困难，青春期的男孩是叛逆的，他们觉得谁都不了解自己，很多事宁愿找陌生人说，也不想问询自己的父母，尤其是父亲，因为父亲常常摆着一副家长的架子。如果你想在青春期和父母有一定沟通、交流的话，应该主动点，学会向父亲示弱。示弱是实现平等沟通的前提。

具体来说，你应该做到以下几点。

1.告诉父亲你已经长大了，有一定的担当能力

你应告诉父亲，你已经是一个完整的、独立的个体，而不是小时候那个坐在他肩膀上的小孩子了，虽然你还处在成长的阶段，但已经具备了一定解决问题的能力。向父亲表明你的想法，一般来说，他会接受的。

2.像一个男人一样参与家庭计划

你已经不是小孩子了，长大意味着责任，你可以主动向父亲要求参与家庭计划，如果你能给出合理的建议，父亲一定会看到你的能力。

3.遇到难题时，问问父亲的意见

慢慢长大的你一定会遭遇青春期，一定会遇到很多棘手的问题，向父亲咨询，不但能帮你解决问题，还能加深和父亲之间的感情。

4.学会理解父亲的情绪

有时候，父亲难免会遇到一些工作和生活上的烦恼，可能会对你发泄不良情绪，作为儿子的你，要学会理解他，切忌火上浇油、自乱阵脚。当父亲受到委屈的时候，你也可以像个男人一样给他安慰、给他鼓励，在和谐的亲子交流中，他也会看到你的成长。

总之，亲爱的儿子，你总是渴望倾诉、渴望得到父亲的理解，但你也应该向父亲敞开心扉，作为父亲，我希望你把我也当兄弟、当朋友，真正实现平等的沟通。

我就是想变坏，坏孩子才快乐

实际上，很多青春期的男孩，他们偷窃，并没有明显的目的，有时纯粹是为了给别人造成困扰而获得快感。如盗窃经济价值不高的物品，有的只是把窃得的东西扔掉、损毁或随便送人，这些行为让很多父母很是头疼。

除了盗窃之外，一些青春期男孩还会做其他一些"坏事"。放眼看现在的网吧、酒吧都是青少年，这些放纵自己的男孩多半都有一些共同的经历：学习压力大，和父母、老师关系处不好，没有可以交心的朋友，喜欢上了一个异性却被拒绝，这些都让青春期的男孩想学坏。

其实，每个男孩都想成为同龄人中的佼佼者，成为爸妈、老师的骄傲，可事实上，不是每一个男孩都能做到。于是，他们感到自己被人忽视了，干脆沉沦堕落；也有一些男孩，成绩优秀，但每一次优秀成绩的取得，都是经历了心灵的煎熬，正因为他们备受瞩目，所以他们很累，于是，想放纵的想法就在心里蠢蠢欲动，他们更羡慕那些不用考试、不用面对老师和家长严肃面孔的男孩，很快，他们尝试着抛开一切，放松学习，放纵自己。

当然，青春期的男孩，你想做"坏事"，或者做了一些"坏事"，并不代表你就是真的"坏孩子"，不过你还是应该控制自己的情绪和行为。

1.要有是非观念，明白什么是对、什么是错

虽然青春期的你已经有了是非观念，但极其容易受到影响甚至改变，为此，你必须经常告诫自己什么能做、什么不能做、什么是不被允许的，逐渐培养自己的是非观。

2.寻找正确的宣泄渠道

任何人都有压力，作为学生的你也是如此，但这并不能成为你堕落和放纵自己的理由。累了的时候，就好好休息；委屈的时候，可以找父母、朋友倾诉；学习上遇到问题，可以向父母请教……

总之，亲爱的儿子，爸爸妈妈知道你压力大，也经常有想做"坏孩子"的冲动，但我们希望你能做到自控，别因一时冲动做了错事。

不要动不动就离家出走

多大的孩子最难养？很多父母认为，2岁宝宝让人伤神，而英国的一项调查结果显示，14岁女孩与15岁男孩才是最难"伺候"的一群。青春期男孩就是其中一部分。青少年叛逆，甚至离家出走已成为世界性的普遍现象。

青春期是花季，也是雨季，处在人生花季中的男孩会出现各种各样的问题。例如，最容易和父母发生冲突，这时候的男孩觉得自己已经长大，可以独立了，对父母和老师的话喜欢时时反抗。青春期的他们对世界的确已经形成了自己最初的体验和认识，但同时也有了很多无法排解的心事。例如，课业压力，对性的懵懂，渴求独立，同龄人带来的压力，希望迅速长大，激素分泌旺盛，感到无聊，处于青春发育期，无法与家长顺利交流，出现青春痘等皮肤问题，等等，并因此开始对父母的管教反感。当然，父母也有苦衷：孩子正在人生的十字路口，不多说两句行吗？

另外，青春期的男孩处于鞭养期向放养期的转变。在鞭养期，男孩很多行为处于强制执行之中，父母强制的程度越大，男孩渴望放养的要求也就越强烈，他们本身对大人的依赖越来越弱，因此，更容易叛逆。

有一些社会因素也导致男孩易产生叛逆心理。现代社会，人们把更多的商机投入在青春期孩子的身上，这些都激发了男孩追求独立和个性，而社会和家庭的传统教育的一些弊端阻碍了他们自身发展的需求，成为他们产生叛逆心理产生的源头。

青春期男孩叛逆，有很大一部分是父母和老师的教育不当造成的，但不可忽视的是，男孩自身才是叛逆的"最终执行者"，他们面对自身的变化常常不知所措，从而产生了浮躁心态和对抗情绪。但男孩，你是否想过，对于父母

来说，如果孩子出走，哪一个不是经历着山崩地裂般的灾难？有举着孩子的照片一个城市一个城市寻找的，有因找不到孩子而精神失常的，有为了孩子的出走相互责怪而导致家庭离异的，还有为了找孩子而债台高筑的……作为儿子的你，是否想到过这些？是否考虑过父母的感受？

因此，亲爱的儿子，不要动不动就离家出走，青春期的一些烦恼，可以学着合理地梳理，将不良的心绪理好，用平和的心态去面临每一天新的生活，才会健康、快乐地度过青春期！

面对老师的批评，虚心接受别叛逆

随着青春期的到来，男孩有了更多自己的想法，认为自己是个大人了，凡事要求独立，他们变得叛逆了。表面上，这些男孩是长大了，但实际上心灵也是脆弱的，于是，在很多"赏识"教育的提倡下，很多男孩忘记了要想成才，同样需要批评。

的确，没有批评的教育是不完整的教育，没有批评的教育是一种虚弱的、脆弱的、不负责任的教育。教育不能没有批评。因此，青春期男孩要明白，当你犯了错误时，老师对你进行批评后，你应该明白，这是老师对你的爱，是为了你能发现自己的错误，也只有如此，你才能更深刻地认识自己的错误并承担相应的责任，你才能形成对一件事情的真实、完整的体验，也才能形成完整完美的人格。所有这些对一个成长期的男孩来说都是大有裨益的。

教育学生，无疑是每一位教师的天职。一般而言，每一位教师对其学生所进行的批评、教诲，无一不是出自善意。仅仅就此而论，男孩就应当虚心

接受。

那么，亲爱的儿子，如果被老师骂，应该怎样面对呢？

1.找出老师为什么批评你

青春期是生理和心理发生较大变化的关键时期，有着情绪的多变性、情感的冲动性、行为的难控性、思想的波动性等特点。男孩有时是出于好奇，有时是一时糊涂，才做出不当举动的。因此，男孩要分析犯自己错误的根源，然后加以改正。

2.正确对待老师的错误批评

所谓"批评错误"，可能是批评与事实有出入，或者是事情的性质、程度与老师所说的有差别；也可能是方法错了，如使用了讽刺、挖苦的语言等。但不管是哪一种情况，男孩可能都一时无法接受，遂感到委屈，产生不满情绪。但是，男孩一定要理智面对老师的这种失误。如果老师对你"批评错误"，你也要始终保持尊师的态度，"有则改之，无则加勉"，不要与老师产生对立情绪。当然，你也可在适当的时候向老师讲清事实的真相，消除误会，使师生关系更融洽，因为即使老师的批评是错误的，但出发点都是好的。

3.接受老师的批评

亲爱的儿子，如果有错误，一定要要勇于承认，并做到"从哪儿跌倒，从哪儿爬起"，认真改正错误。改正错误，能更好地完善自己。

第9章

身体是革命的本钱，做一个健康的男子汉

身体是革命的本钱，青春期本身就是长知识、长身体的阶段，良好的身体素质是其他一切的基础。一些青春期男孩，无法好好地生活、学习，不是败在了智力上，而是败在了体质上。任何一个男孩，都希望自己成为一个健美的帅小伙，那么，你就需要学会一些保持健康的方法，并运用到日常生活中，那么，你一定能成为一个体格强健的男子汉！

生命在于运动，做爱运动的阳光男孩

生命在于运动。每个青春期男孩都希望有个健康、强壮的体魄，男孩天生运动细胞就比女孩多，每一个男孩都是运动健儿。适量的运动和合理营养结合可促进男孩生长发育，改善心肺功能，提高耐久力，减少身体脂肪和改进心理状态等。这种经济、实用、有效、非药物又无副作用的措施，对于提高男孩健康水平起着重要的作用。

但事实上，青春期男孩整日面对的是课堂和作业，偶尔的体育锻炼也是为了体育成绩达标。即使学校把课间操、体育课、课外活动等时间全部加起来，一周平均下来，也只有每天锻炼一小时。

青春期男孩，要养成运动的习惯。青春期阶段是素质敏感期，这个阶段对外界环境的依赖性较大。如能在这阶段培养热爱运动的习惯，不仅能促进运动能力的发展，还会使你受益终生。

（1）经常锻炼不同部位的肌肉、关节、韧带，可以让男孩保持身体的协调运动能力。

（2）适量的运动，可以锻炼呼吸系统、心血管系统，并改善新陈代谢与能量代谢。

（3）经常保持有规律的运动锻炼，可以锻炼男孩的性格，如坚韧性、意志力、明确的目的性、果断性、自我控制、自我评价和自我监督的能力。

但青春期的男孩，在做运动的时候，尤其是练举重或做肌力训练时，应注

意以下几点，否则很容易受伤。

（1）少做静力练习或持续时间较长的负重练习。

（2）运动量不要过大，所举的重量稍轻一些，总组数应少些，"超负荷"适当。

（3）要保证足够的饮食营养，补充高蛋白食品。

（4）练习中要加强"防伤"和"防僵"的措施。

科学增高，成为"顶天立地"的高个子

男孩都希望自己能长高，但你不要因为害怕自己长不高而去采取一些急功近利的方法，如药物治疗等，这是不正确的。长高是一个持续但不均匀的过程，不要盲目地追求快速的增高方法。吃增高药和一些所谓的保健品有可能导致青春期提前结束，反而使你最终长不到理想的高度。俗话说"物极必反"，正是这个道理。

专家指出，增高的方法因人而异。最科学的增高方法是运动加营养。营养是良好生长发育的前提。而运动可以促进生长激素的分泌，促进代谢，使青少年长得更高。

毋庸讳言，每个青春期男孩都希望自己身材高大。那么，如何才能实现这个美丽的愿望？身体能不能增高呢？一般情况下，采用科学方法是可以增高的。

（1）要有良好的饮食习惯，注意饮食健康。营养很重要，不可偏食，另外，也不能暴饮暴食。青春期的男孩，不能不吃早餐。否则会影响生长发育。另外，要多吃含蛋白高的食物，尽量保证足够的牛奶，还要多吃果蔬。

（2）保证睡眠，多休息，既要学习好，也要注意劳逸结合。

（3）多了解一些身体发育的知识。多读读关于矮身材研究及与身高生长发育的书，读不懂可请教医生，增加知识，用科学指导自己行动。

（4）多锻炼，坚持合理的运动。比如说打篮球。每天持续1~2小时适量体育运动，在一定时期内可使体内生长激素含量明显增加，随着血液中生长激素含量的增加，管状骨生长区活跃，从而增加身高。

（5）保持身心健康。情绪稳定，无忧无愁有利生长发育。

因此，亲爱的儿子，长得矮不要害怕，运用科学的方法是可以增高的，即使长不高，也无关紧要，要知道，只要你有充盈的内在，身高并不能阻止你成为一个受欢迎的人！

男孩也要保养皮肤吗

随着青春期的到来，男孩女孩的身体发育有了天壤之别，其中包括皮肤。爱美之心，人人有之。男孩爱美也很正常。一般情况下，皮脂腺的分泌，导致了很多男孩的皮肤过油，尤其是痘痘的出现，让男孩苦恼。

的确，每个男孩都希望自己成为一个男子汉，可以一展自己的男性魅力，但事实上经常事与愿违，学习的紧张，饮食的不均衡，环境的污染及紫外线的照射，生活的不规律，使男孩青春的面庞变得灰暗，皮肤粗糙，痘痘肆意横行……这一切都让小男子汉太没"面子"了。

那么，青春期男孩该怎样保养自己的皮肤呢？

（1）多喝水，为皮肤补充水分。皮肤健康与否，重要的一个指标就是是

否缺水。一个健康人每天最好用200毫升容量的杯子喝上6杯水。

（2）杜绝烟酒。要想你的皮肤洁净有光泽，男孩一定不要吸烟。因为，香烟中含有多种有害物质，如尼古丁、焦油、一氧化碳等，它们都能损害人体健康，令皮肤灰暗无光。嗜烟如命的人，轻则面容灰暗干燥，多皱纹显苍老，牙齿焦黄发黑，视力、听力减弱，重则罹患癌症。同样，酒也是如此，对皮肤也有刺激作用。

（3）保证睡眠质量。现代医学研究证明，睡好觉是保证健康乃至美容的重要条件，经常熬夜或者失眠的人容易衰老，包括皮肤衰老在内。特别是夜间12点到翌日凌晨3点这段时间，皮肤细胞代谢快，"以旧换新"的速度是清醒状态下的8倍多，故享有"美容睡眠期"的雅号。换言之，要想皮肤永葆青春，尤其要注意这段时间的睡眠，切不可错过。

（4）做好皮肤清洁，正确清洁皮肤。洗脸时，要注意由里向外、由上到下，双手用力适度，用手指边按摩或轻拍边缘洗脸，以流动的温水为佳。双手不要过于用力，否则长时间后会使皮肤松弛下垂。早晚各用2~3分钟仔细地洗洗脸，会使面部皮肤洁净收紧，增加弹性。

同时，最好用专门的洗面奶或凝胶洗脸，以对皮肤起到很好的清洁作用，因为普通香皂会破坏皮肤表层，刺激皮肤。还应定期进行深层清洁，祛除多余油脂、污物，促进血液循环，改善容颜。

（5）防晒防冻。女孩的皮肤要保护，男孩也一样，夏日出门不要忘了准备些防晒油、霜之类的防护品，以防皮肤晒伤。冬季节出外时要涂些油脂或防冻膏，以防面部被冻伤或皲裂。晚上临睡前涂些滋润霜，如果嘴唇干裂，可涂点唇膏，使皮肤得到充分的营养而保持湿润光泽。

总之，护肤不再是女性的专属词汇，男性也需要，尤其是处于青春期的男

孩，更要及早地关注自己的皮肤，让自己拥有健康的皮肤，才会神清气爽。

早睡早起，养成良好的作息习惯

良好的生活习惯，源自平时作息时间的保持。很多男孩缺乏这种作息时间观念，更谈不上养成。只有合理安排好自己的作息时间，使生物钟保持正常的周期，人体才会感觉到精力旺盛。大量资料表明，凡是生活有规律、勤劳而又能劳逸结合的人，不仅工作效率高，而且健康长寿。因此，青春期的男孩，一定要遵循正确的作息规律。

可以说，一个男孩在家和在学校的作息时间执行情况有很大的区别，由于学校里作息时间非常统一，并且有专门的老师负责上课、下课和教学活动，男孩在学校里的作息时间基本上比较有规律。但是一回到家里，往往会随心所欲，这让很多家长非常头痛，男孩往往自己没有学习好，也没有玩好。为了解决这个问题，青春期男孩一定要规划好自己的作息时间。例如，可以制订如下作息时间表。

晚上9—11点：这段时间是免疫系统排毒时间，此段时间应安静或听音乐，完全放松身心，进入睡眠的准备状态。

晚间11—凌晨1点：此时，肝脏在排毒，需在熟睡中进行。

凌晨1—3点：胆排毒时间。超过12点睡觉的人，即使睡够了8小时，他还是不能解乏，一个重要的原因，就是到了肝胆解毒的时间，他没有睡觉去解毒，而是在拼命学习、打游戏、唱卡拉OK，以至于第二天早上起床后，精神萎靡不振。

凌晨3—5点：肺排毒时间。有些人总是半夜咳嗽加重，不明白是怎么回事。为什么白天不咳嗽，而到了半夜就咳嗽，这是因为人体排毒的动作走到了肺，其实这是一个好的现象，证明人体自洁的功能在起作用。这时，不应用药进行止咳，以免抑制废物的排出。

凌晨5—7点：大肠在排毒，应上厕所排便。很多人晚上不睡，早上自然就起不来。由于想睡懒觉，早上不起床，而一起床后，马上要赶着去上学上班，因此来不及大便，而改成晚上或其他不确定的时间大便，这实际上是强行改变人体的生物钟，时间长了对人身体都没有好处。

凌晨7—9点：小肠大量吸收营养的时段，应吃早餐。很多人都有不吃早餐的习惯，久而久之，就容易得胆结石。

亲爱的儿子，你一定要明白充足睡眠的重要性。要养成早睡早起的好习惯，休息得好，身体才会好，学习效率也才会高，打疲劳战和时间战只会起反作用。

我有脚臭怎么办

男孩的汗臭味和脚臭味是怎么来的？

每个男孩都要经历青春期，不过有早有晚罢了。每个青春期男孩的身体变化不会完全一样。青春期并不是一切都是美好的，也有一些令你苦恼的事情，也会有一些不太受欢迎的特征。

人的皮肤有两种汗腺：一种叫小汗腺，分布在身体各处；另一种叫大汗腺，只在腋窝、乳头周围、阴部和肛门等处。在儿童时期，大汗腺没有发育，

不会产生相应的分泌物。伴随青春期的到来，大汗腺开始发育，其分泌物中的有机物被细菌分解后产生的不饱和脂肪酸有一种特殊气味。你产生的汗液越多，味越浓。汗水变干后身上的气味会很难闻。

青春期男孩一到夏天，排汗量便增加，便有了汗臭味，这让很多男孩难以启齿和尴尬。那么，怎样减少这种汗臭味呢？

（1）定期清洗是简单的去除汗臭味、恢复自身体香的有效方法。

（2）在清洗的时候最好使用抗菌香皂，这样不但能够去污，还能杀菌。

（3）清洗过后，可以使用一些止汗的香体露。

（4）经常更换袜子，穿透气的鞋子。

（5）经常洗脚并泡脚，以茶包煮水，再用脚浸入20~30分钟，擦干后撒上爽身粉，可防止脚臭复发，也可以用粗盐溶于水泡脚。此外，冷热交替地泡脚，有助减少流汗，防止脚臭。

（6）睡前以酒精擦拭脚部，再撒些除臭粉，然后包裹脚部，以诱发流汗；次日清洗脚部，再予以擦干。第1周每日1次，之后，每周1~2次。

出汗是一种调节体温、散热的方式，是一件再自然不过的事，尤其是青春期来临之后，相对于童年期，汗腺发育趋于成熟。因此，亲爱的儿子，青春期不必为汗臭味发愁，适当的措施也可帮你解决出汗给你带来的苦恼。

紧身裤是"美丽的危害"

明星效应和广告媒体的引导、示范作用，导致了当今社会很多青春期的少男少女有一套自己的审美理念，那就是跟着时尚走。很多青春期男孩，追求个

性、时尚，如穿紧身裤，很多青春期男孩，认为它能穿出身材、穿出时尚，殊不知，紧身裤对处于发育期的你们有不利影响。

这里要从睾丸的发育特点谈起，胚胎期睾丸位于腹膜后，阴囊也没有形成，到出生时，阴囊形成，睾丸下降到阴囊内。

睾丸之所以不像卵巢那样藏在体内，而要悬在体外，是因为睾丸悬在阴囊中，那里的温度比体内低1.5～2.5℃。那样的温度才有利于睾丸的正常发育。有实验证明，如果用人工的方法使动物睾丸的温度升高，会引起睾丸产生精子的组织变性。

因此，如果穿紧身且不易透气的裤子，把睾丸和阴茎紧紧挤在裆的体壁上，就等于是人为地给睾丸加温。

青春期男孩在夜间穿紧身内裤对生殖器有很大的危害：一般来说，白天，由于紧张的学习生活，并且还可能伴随其他各种活动，加上性道德观念的制约，阴茎基本上是处于被压制的状态。而夜间，男孩终于结束了紧张的生活，可以放松自己，当大脑处于充分休息状态后，阴茎勃起的神经常常解除抑制，使阴茎一阵阵地处于勃起状态，阴茎的夜间勃起，表明它的发育处于正常状态。穿紧身内裤会约束阴茎的勃起，这种约束可能会引起频繁遗精。

如果是精满自溢，完全属于正常生理现象，可顺其自然不去理会它。但如果是人为原因造成频繁遗精就不属于正常现象了。频繁遗精可以引起失眠、头晕、疲乏、精神不振等症状，因而会影响学习和正常生活，还可能造成一些心理负担。

再者，睾丸、阴茎的体积在青春期正在迅速生长，成人睾丸体积是青春期以前睾丸体积的17～50倍，成人阴茎体积是青春期以前阴茎体积的10～14倍。如果给它们加上紧箍咒，等于是妨碍了它们的生长。诚然，男孩穿上紧身仔裤是显得帅气，可付出的代价也是高昂的。

怎样增强记忆力

记忆，就是过去的经验在人脑中的反映。它包括识记、保持、再现三个基本过程。其形式有形象记忆、概念记忆、逻辑记忆、情绪记忆、运动记忆等。记忆的大敌是遗忘。

记忆力可以通过训练得到提高。古今中外，很多名人、学者都很注意用各种方法来锻炼自己的记忆力。如俄国大文学家托尔斯泰说过："我每天做两种操，一是早操，一是记忆力操，每天早上背书和外语单词，以检查和培养自己的记忆力。"托尔斯泰的"记忆力操"实际上就是反复"复现"。只要你有计划地"复现"，你的记忆力一定会不断增强。

提高记忆力，除了前面我们已经阐述的几种方法外，你也要注意以下几个方面。

1.养成良好的饮食习惯

科学研究证实，饮食不仅是维持生命的必需品，而且在大脑正常运转中也发挥着十分重要的作用。有些食物有助于发展人的智力，使人的思维更加敏捷、精力更为集中，甚至能够激发人的创造力和想象力。

2.注意补脑

一些健脑食品，其实是常见的物美价廉之物，如蛋黄、大豆、瘦肉、牛奶、鱼、动物内脏、胡萝卜、谷类等。这些食物不仅含有丰富的卵磷脂，且容易消化，对青少年脑髓的发育也有积极的作用。

（1）牛奶。牛奶是一种近乎完美的营养品。它富含蛋白质、钙，以及大脑所必需的氨基酸。牛奶中的钙最易被人吸收，是脑代谢不可缺少的重要物质。此外，它还含有对神经细胞十分有益的维生素B_1等元素。如果用脑过度而

失眠，睡前一杯热牛奶有助入睡。

（2）鸡蛋。大脑活动功能、记忆力强弱与大脑中乙酰胆碱含量密切相关。实验证明，吃鸡蛋的妙处在于：当蛋黄中所含丰富的卵磷脂被酶分解后，能产生出丰富的乙酰胆碱，进入血液又会很快到达脑组织中，可增强记忆力。国外研究证实，每天吃一两个鸡蛋就可以向机体供给足够的胆碱，对保护大脑、提高记忆力大有好处。

（3）鱼类。它们可以向大脑提供优质蛋白质和钙，淡水鱼所含的脂肪酸多为不饱和脂肪酸，不会引起血管硬化，对脑动脉血管无危害，相反，还能保护脑血管，对大脑细胞活动有促进作用。

3.不抽烟、喝酒

烟草的尼古丁致癌，酒精会对神经产生麻痹作用，但可以少量地饮些葡萄酒，因为葡萄汁中的抗氧化物质含量高过其他任何水果和蔬菜，且可以提高神经系统的传输能力。除了益寿延年，葡萄汁还可以在短期内提高记忆力。

自我调节，每天保持好心情

有人将青春期称为危险期，很多处于青春期的男孩感受着许多心理冲突和压力，处于各种心理矛盾的包围中。这使得很多青春期男孩心情不好，使生活和学习都会受到影响。如果长期心情不好，就可能在情绪情感、性格特征及日常行为等方面出现种种问题，甚至出现较严重的心理及行为偏差，乃至精神疾病。因此，这是一个充满危机和挑战的时期。男孩要记住，心情好，一切都好，那么，心情不好的时候，该怎么办呢？

1.自信是好心情的基础，是快乐的源泉

任何人拥有自信，就拥有了快乐与开心的资本。俗话说得好：尺有所短，寸有所长。每个人各有所长、各有所短，每个人都有自己的优点与别人不能企及的地方。因此，青春期的男孩，不要总是盯着自己的缺点、短处和现在，而要学会欣赏自己，多看自己的优点、长处和未来。总之，要想办法让自己充满信心，有自信就能快乐，快乐就能发掘潜能，做事就能高效。

2.懂得正确地宣泄自己的不良情绪，以减轻心理压力

要敢于把自己不愉快的事向知心朋友或亲人诉说。当极其忧伤时哭泣、读诗词、写日记、看电影、听音乐都是常见的宣泄方式。节奏欢快的音乐能振奋人的情绪。

3.扩大交往范围，摆脱孤独

每个人都有一种归属的需要，都希望被人认同，找到一种社会归属感，并希望从团体中得到价值的认定。研究发现，人际交往有助于身心健康。当你真诚地关心别人、帮助别人，无私奉献自己的一片爱心时，你会欣喜地发现，你获得的比你给予的更多。千万不要因为怕别人不高兴而把自己同他人隔绝开来。孤独只会使抑郁状态更加严重。

青春期是每个男孩为人处世之道形成的重要时期，因此，亲爱的儿子，你要注意修养自己的快乐之道，并把快乐传递给周围的人。从现在起，做一个快乐的人，并且把你的快乐传递给你的父母、老师和同学，形成一个良好的、快乐的学习氛围，这对于青春期的成长是很有利的。

第10章

远离危险禁区，男孩子要学会爱惜自己

我们都知道，每个青春期的男孩都开始形成自我意识，但这个阶段的男孩也缺乏社会经验，不成熟，很容易被社会上一些反动势力或者违法组织诱惑，甚至会参与赌博、吸毒等活动，青春期是人生最美好的时光，本身是健康、阳光的，一旦染上这些恶习，青春就会失色，人生也会暗淡。因此，青春期男孩，在面临一些不良诱惑时，一定要学会把持住自己；不涉足那些禁区，爱惜自己，这样，青春期乃至整个人生才会健康向上！

别把时间都浪费在电视上

我们都知道，电视是现代文明的一个重要体现，通过电视，人们可以了解世界、娱乐、消遣，但电视并不是百利而无一害，过多地依赖电视只会让人们浪费时间、浪费生命。

在美国，据说有650万人不看电视，他们多数认为电视节目太浅薄。他们喜欢传统的阅读方式，夏天坐在小院的葡萄架下，冬天坐在壁炉旁，一把躺椅，一个茶几，一杯咖啡，一本书，那是非常逍遥的日子。人，保留电视前时代的传统生活方式好不好呢？这也无法断定，然而不能沉迷于电视，是肯定的。

在青春期的男孩身上，"电视依赖症"现象十分普遍。众所周知，一到孩子假期，一些家长担心孩子单独出去玩会出现什么安全问题，或者与社会不良人士接触，便把孩子关在家里，安全倒是有保证了，可是不少家长发现，每次回家时，孩子都在看电视，很少看见孩子学习。

诚然，对于青春期的男孩来说，适当地看电视，不但可以开阔视野、增长见识，而且可以从里面学到很多课本上学不到的知识。但受年龄的限制，现阶段的你在看电视方面还缺乏自我约束能力，尤其是在假期，你有更多的机会和时间接触电视，如果不能很好地自我约束，那么，你就有可能患上"电视依赖症"。

对此，你需要做到以下两点。

1.给自己制定一个看电视的规则

例如，你可以给自己立一个规定：晚上9～10点看电视，作业不做完不能看电视，只看新闻等有益的电视节目等，这是一个行之有效的方法，能帮助你做到自我管理和约束。

2.让父母对你进行监督

现在的你可能自我约束力差，会不自觉地看电视。为了避免这一点，你可以请父母对你进行管制，提醒你不多看电视。

总之，亲爱的儿子，我们希望你能养成良好的生活习惯，不要把精力都浪费在看电视上，这样，你才能充分利用时间学习、从事健康的活动，才会有个精彩的青春期！

健康上网，别让网络害了你

现代社会，人们越来越重视获得互联网资讯，对互联网信息的掌握程度越深，似乎就越时尚，这种观点在青春期的少男少女中更为明显，"上网"似乎是一种时尚的生活方式。

的确，互联网在现代社会中有无可取代的优势，但一些青春期男孩热衷于网络游戏，甚至上网成瘾，以致"衣带渐宽终不悔，为网消得人憔悴"，网吧成了他们的第二课堂。

网络的作用自不必说，主要是传播信息、交流心得、获得知识。但青春期的男孩，你们不能沉迷网络，沉迷网络对你们的身体、心理、智力方面都会产生消极的影响。

（1）身体素质方面。那些经常沉迷于网络的男孩，球场上没有他们的身影，公园里没有他们的身影，他们由于长期待在网吧，常常情绪低落、疲乏无力、食欲不振、焦躁不安、血压升高、植物神经功能紊乱、睡眠障碍等，缺少锻炼更是让他们身体素质差。

（2）心理素质方面。长期上网会导致男孩不愿与人交往，性格孤僻，也就是人们常说的"网络孤独症"，也有一些男孩，把所有的精神娱乐都放在网络上，开始"网恋"，认识一些社会不良人士，并陷入这些情感纠葛中，严重的甚至出现精神障碍、自杀等情况。

（3）智力素质方面。网络是多功能的，很多青春期男孩上网并不是为了学习，而是为了玩网络游戏和聊天，于是，他们逐渐失去学习的兴趣，开始迷恋网络，他们正常的学习、生活秩序遭受破坏，学习时间无精打采，学习成绩下降，有的甚至厌学、逃学、辍学。

因此，青春期的男孩，一定要学会有规律、有目的地上网，学习才是青春期的主要任务，网络只是一个获得信息的渠道，不能沉迷于此。

防患于未然，不可沉迷网络游戏

不得不说，现代社会，互联网的盛行，在给人们的生活带来便捷的同时，也毒害了不少不懂得上网节制的孩子。

对于青春期的男孩来说，你们最重要的任务就是学习，就是充实自己，享受快乐的少年生活，一旦沉迷于网络，就会对身心造成伤害。

曾经有一个网上调查，很多青少年对泡网吧的利弊看得相当透彻，知道长

期泡网吧会影响自己的生活和学习，但有少部分青少年觉得自己已经对网吧产生了明显的依赖心理：几天不去网吧，心里就有惶惶然的感觉。或许对于他们来说，网吧在他们生活中的位置恰如一首歌里唱的那样："你是一张无边无际的网，轻易就把我困在网中央。我越陷越深越迷茫，我越走越远越凄凉。"那么，为什么网络游戏对于青少年朋友来说有这样大的吸引力呢？

对于青少年朋友来说，他们身心发展不成熟，好奇心强，缺乏自控力，认知能力不足，自我意识却很强烈，他们渴望独立自主、与人平和交往和合作，渴望获得尊重，而网络游戏恰恰迎合了他们的这一心理需求。网络游戏具有极强的现实性和互动性，在这样一个虚拟的世界里，青少年可以感受到与他人的合作和尊敬，升级游戏更让他们找到成就感。

但亲爱的儿子，面对网络游戏，我们希望你要有自制力，在行为上约束自己，遇到问题也要和我们父母多沟通，要防患于未然，不可沉迷网络游戏。

吸烟喝酒不属于这个年纪

在中国，烟酒文化长盛不衰，而且，随着物质文化生活的提高，烟酒的消费也越来越低龄化，一些青春期的男孩女孩，也把抽烟喝酒看成一种追随时代步伐的表现，酗酒、抽烟的现象也在校园内蔓延。而抽烟喝酒似乎在男孩中更为明显。一些男孩到了青春期，就认为自己长大了，也应该有一些男人该有的权利，如抽烟、喝酒等，其实，青春期正是长身体的阶段，并未发育成熟，烟酒对发育期的身体有很大的危害。

1.吸烟的危害

卷烟燃烧时所产生的烟雾中可分离出很多有害的成分，主要的有尼古丁、烟焦油、一氧化碳、氯氰酸等。吸烟对人的危害极大，对长身体的男孩的危害更大，主要表现在以下几个方面。

（1）香烟中含有大量的氯氰酸，这是一种致癌物质，长期抽烟使肺癌的发病率提高。

（2）香烟中的一氧化碳是一种无色无味的有毒气体。它会使得抽烟者血液的带氧能力降低，造成组织缺氧。青少年身体发育未完全，吸烟会影响青少年大脑的活动能力。

（3）尼古丁的危害更大，它会使小血管产生收缩，从而引起心血管病变。此外，它还可以直接削弱心脏的收缩力和损害脑细胞，导致记忆减退、头痛、失眠等。

青春期吸烟对男孩的身体危害更为明显，这是因为他们正处于迅速生长发育阶段，身体各器官系统尚未成熟，比较娇嫩，自身抵抗力不强，对各种有毒物质的抵抗能力比成人更差，比成人更容易吸收有毒物体，所受危害当然也就更深。吸烟的青春期男孩患咳嗽、肺部感染的比例明显高于不吸烟者。青春期吸烟还可导致早衰和早亡，甚至影响下一代的发育。

2.酗酒的危害

酒有解除疲劳、增进食欲、帮助消化的作用，但是过量饮酒，则对身体有害。青春期，尤其不宜饮酒。

（1）酒精对肠胃功能以及所有消化系统有损害。酒精刺激胃肠黏膜，可产生胃酸过多、胃出血、腹泻、便秘等病症。

（2）酒精对肝脏的危害也极大，酒精中毒可造成急性脂肪肝、酒精性肝

炎、肝硬化等。

（3）酒精会刺激甚至伤害神经系统。

对于青春期的男孩来说，他们正处于生长发育时期，酗酒的危害更大，除了以上危害外，还会使肌肉无力，性发育受到影响。有些男孩为了表现自己的"潇洒"，喜欢边饮酒边吸烟，这样对身体的危害更大。

"黄毒"让花季失去色彩

处于性启蒙期的青春期男孩，开始对性知识有了很多的好奇，但很多青春期男孩并不是通过书本、父母等正常渠道得到性教育，而是从网络。他们比女孩更容易受到诱惑，很容易陷入一些黄毒的泥潭不可自拔。

大千世界五光十色，无奇不有，在我们的周围存在很多的诱惑。有很多美好的诱惑，激励我们去追寻；但是，也有许多干扰我们成功、影响我们幸福生活，甚至严重危害我们身心健康的诱惑。有些诱惑成年人都无法拒绝，更何况青春期的男孩。那些不良诱惑有时就像"吸血蝙蝠"，让人舒舒服服地上当，在不知不觉中成为它的俘虏。这其中就包括黄毒。因此，青春期的男孩，必须学会分辨并自觉抵制社会生活中的黄毒，才会有健康幸福的生活、学习和未来。否则，将会为之付出惨痛而沉重的代价。

青春期是人生的迷茫期，的确很容易被黄毒诱惑，社会、家庭、学校必须承担起应有的责任，将黄毒拒于千里之外。但要从源头上抵制，还要青春期的男孩们做到有良好的自制力，好好把握自己，这是最不可忽视的一个环节。

那么，青春期的男孩，应该怎样抵制黄毒呢？

（1）遇到黄色的东西，如淫秽影碟，裸体书画，印有裸体女人的扑克，一律交大人处理，让自己平静下来，不受其影响。

（2）与周围的同学和朋友的话题要避开黄色。

（3）如果有人向你兜售影碟和光盘，要坚决不理睬他，更不要听信他们的花言巧语。

（4）经常参加有益身心的活动，如登山、游泳等，这些健康活动是驱除黄毒的灵丹妙药。

（5）要加强体育锻炼，和女同学健康交往，多参加集体活动。

对黄毒的舆论谴责和依法整治，是断不可少的。不过，最要紧的还是从治本着手，即青春期男孩的自我抵制，要认识到黄毒的危害，识美丑，辨是非，从而不接触，不欣赏，不沾染，不模仿，自觉抵制黄毒的侵袭。如果增强了自身的免疫力，什么黄毒、白毒乃至各种社会病毒，也就无从逞其威、肆其虐了!

不要尝试赌博

受不良社会风气影响，赌博这种陋习已经开始蔓延到单纯的青春期孩子身上。赌博是生长在社会机体上的毒瘤，它腐蚀人的灵魂，使人道德沦丧，诱发犯罪行为，有百害而无一利，它使许多妄想不劳而获的人倾家荡产、妻离子散。

实际上，很多青春期男孩染上赌博的恶习，并不是自己主动接触赌博的，而是被这种活动引诱，然后慢慢形成习惯。赌博最大的危害就是赌博心理的形

成，一旦形成习惯，就会形成赌博生活方式。形成这种生活方式的人，他们鄙视并拒绝承担任何社会责任，这是一种堕落的生活，这种生活方式是贪婪式的，贪得无厌，利欲熏心。

青春期的男孩，要想远离赌博，首先就要远离赌博场所，你要做到以下六条戒律。

（1）谨慎交友。很多男孩年幼无知，一不小心交上了一些坏朋友，他们以"赌一下无关紧要""玩玩而已"，引诱男孩上赌场。也有些赌博分子常常会以"朋友"面孔出现，把赌博吹得天花乱坠，说赌博可以快速发财致富，诱导男孩钻入圈套，成为受害分子。因此，男孩首先在择友上要慎重。

（2）不去赌场、舞厅等社交场所。因为这些地方鱼龙混杂，社会上三教九流的人都有，其中，不乏那些赌博分子，这些地方是他们聚赌的主要场所，他们常以不经意的方式，把一些赌博方法传授给男孩，使他们上钩。因此，男孩切莫轻易出入这些地方。

（3）不要学习那些奢侈、糜烂的生活方式。这些堕落的生活方式常常出现在电视和电影的镜头里，如果男孩不去分析，只追求他们的生活，也会跌入赌潭不可自拔。

（4）懂得控制自己的情绪，不要因为一时激动，被那些赌博分子所怂恿，要遇事冷静，心境坦然，切不可被人激将而赌博。

（5）江湖义气不可学，仗义里面有乾坤。江湖义气是黑道人物和赌博集团笼络人心的口号，在这外衣下，男孩无法明辨是非，逞强做江湖英雄，很可能走上邪路。

（6）正确对待挫折。人生的路上，每个人都会发生不尽如人意的事情，遇到一些挫折，不要产生悲观焦虑的心情，更不要逃避现实，用赌博等不良方

式来解脱。要学会平静，心情开朗，正确处理身边发生的事情，不要为寻求刺激而参与赌博。

总之，亲爱的儿子，爸爸妈妈希望你确立正确的人生观和坚定的意志，从生活小事做起，防微杜渐，拒绝赌博。

毒品除了危害就是危险

许多血淋淋的故事警示青春期的男孩："一人吸毒，全家遭殃。"毒品让人丧失一切人性，为了吸毒，有人可以弑父杀母，有人可以自残、抢劫。

青春期的男孩未来是要担负重任的，强健的身体、阳光的心态是这一切的保证，而毒品像白色恶魔一样，离这些阳光灿烂的男孩并不远，它随时都会侵害你们。

那么，青春期的男孩，该怎样做才能远离毒品呢？

1.慎重交友，交益友

"近朱者赤，近墨者黑"，这个道理，每个男孩都懂，交友不慎，往往会让自己陷入麻烦中。调查显示，大多数吸毒人员是在"朋友"的诱惑下坠入毒品深渊的。为此，男孩要想远离毒品，就要慎重交友，交益友，并且时时警惕，拒绝毒品。

2.彻底认识到毒品危害

只有学习禁毒知识，才能有意识地拒绝毒品。因此，男孩要做到"四个牢记"：一要牢记什么是毒品；二要牢记吸毒极易成瘾，并极难戒断；三要牢记毒品害己、害人、害家、害国；四要牢记吸毒是违法，贩毒是犯罪。

3.远离不正当的娱乐场所

当前社会上"黄赌毒"主要集中在一些治安混乱的不正当娱乐场所中，涉世未深的男孩，一旦走进去就有可能身不由己，陷入深渊。因此，要洁身自好，当你想去娱乐场所放松身心的时候，就一定要有所选择。

4.树立正确的人生观，积极向上

很多吸毒的男孩都感到自己空虚、无聊，因此，他们为了寻求刺激、追求时髦而走上吸毒的道路。为此，男孩应该树立正确的人生观，热爱生命，热爱学习，热爱工作，热爱生活，在健康、充实的生活中体味人生的乐趣。

5.正确面对困难和挫折，用信心和勇气战胜它们

困难和挫折只是人生路上的小插曲而已，你是男子汉，遇到问题，不要逃避，勇敢地面对才是正确的解决之道。你也可以向父母和朋友倾诉，不要闷在心里，独自扛着。记住，千万不要"借毒解痛""借毒消愁"。

6.坚决不尝第一口

要远离毒品，必须培养良好的心理素质。好奇心和冒险心往往成为毒品侵蚀的温床。要提高自控能力，千万不要去尝试吸毒的滋味。为了终身远离毒品，不论出于什么动机，不论出现什么情况，你都要坚定地把握住自己，永远不要去尝试第一口。

亲爱的儿子，你一定要学会热爱生命，并采取有效措施，主动远离毒品。

充实自己，才能远离网络虚幻世界

青春期男孩沉迷于网络，只是一个表现，网络仅是一个载体，问题的本质在于家庭是否在孩子的成长中注入了正确的成长因子。如果家长的教育出了问题，网络也好，游戏机也好，甚至体育运动、唱歌都有可能让男孩沉迷进去。

为了避免沉溺网络，男孩，你需要充实自己，精神世界的充足才会让你找到人生的方向。为此，你需要做到以下几点。

1.多阅读，增进知识

读书使人充实，这是毋庸置疑的道理。你可以多阅读一些课外书籍，还可以和父母一起阅读，对于不懂的问题可以向父母求教，这不但可增进亲子感情，还会让你学到知识、领悟人生真谛。

2.多出去走走

有人说，读万卷书，不如走万里路。其实，读书和旅游都很重要。多看看大自然、民俗风情、各地人民的生活状态，都会让你的眼界开阔起来。

3.努力学习科学文化知识

学习始终是青春期男孩的天职，你如果想要进步，想要紧跟时代的步伐，要想超凡脱俗，就必须努力学习。

4.丰富课余生活

诚然，青春期的男孩最大的任务是学习，但这个时期的孩子是渴望交友、渴望倾诉的，多交朋友，多参加课外生活，劳逸结合，当你得到身心的放松后，也就不会觉得精神空虚了。

5.从源头上认识沉溺网络的危害

一味地抵制网络，是一种不明智的做法。正确的做法是从源头上认识沉溺

网络的危害，才能克制自己不沉溺网络。

亲爱的儿子，青春期正是你人生观和价值观的形成期，你们好奇心强，自制力弱，极易受到异化思想的冲击。网络既是一个信息的宝库，也是一个信息的垃圾场，各种信息混杂，包罗万象。如果沉溺于网络，对你的成长极其有害，你要意识到这个问题，要不断丰富你的精神世界，以此来远离网络带来的弊端，健康向上地成长！

第11章

父母是你坚强的后盾，男孩不要太害怕

　　我们不难发现，在一些有男孩的家庭，随着男孩逐渐长大，亲子关系不如男孩小时候亲密，有的男孩甚至不服父母的管教。这里，也许是父母教育方法不正确，但作为男孩自身，你也应该学会理解父母。可怜天下父母心，父母为你的成长操碎了心。对于你遇到的成长问题，其实父母是过来人，只要你愿意和他们沟通倾诉，再难解决的青春期成长问题也会得到解决。亲爱的儿子，爸爸妈妈告诉你这些，就是希望你不要把我们仅仅当成长辈，还应当成朋友，有了心事不要自己一个人扛，告诉我们，我们会给你建议，让我们陪你成长，好吗？

可怜天下父母心，多换位思考

古语说，"可怜天下父母心"，男孩是父母生命的延续和希望，是父母心中永远的牵挂。可能父母的教育方法并不一定正确，但他们都希望儿子能成才，如果每个男孩都能学会换位思考，学会将心比心，那么生活中一定会多一些理解、和谐、幸福！

在你很小的时候，相信父母都教育你要拥有一颗感恩的心。要做到感恩，首先就要学会理解父母，不做叛逆的男孩，为此，你需要做到以下几方面。

1.体贴父母，做个懂事的儿子

例如，妈妈生病卧床，你可以为她递水、送药；记住父母的生日并为他们送上一份生日祝福等。你的关心会让父母觉得你懂事了，也会很欣慰。

2.凡事替父母想想

大部分青春期的男孩会以自我为中心，因为他不知道自己的行为会给别人带来什么样的负面影响。你可以学习从父母的角度思考问题，如他们为什么不让你做这个、不让你做那个？从父母的角度考虑，不但能让你对父母多一份理解，更能解决你的很多困扰。

3.学会与父母分享

青春期的你已经有了自我意识，你应认识到自己在家庭中的位置。例如，有了好吃的，不要总是想着一个人吃，可以根据家里的人数分成几份，分给父母。

另外，你还可以与父母分享你成长中的快乐与忧愁，对父母敞开心扉，才

能拉近亲子间的距离。

4.做力所能及的家务劳动，像个男子汉一样为家庭尽一份责任

爸爸妈妈每天除了工作以外，还得照顾家庭老小，你已经长大了，也应该学会为他们分担一点，你可以从最简单的家务来说，帮爸妈洗洗碗、做做饭、拖拖地，他们会为此感到欣慰的。

亲爱的儿子，你知道吗？可怜天下父母心，每个父母都是爱孩子的，可能我们父母不懂得怎么教育你们，但请你理解，我们是爱你的，希望你也能理解父母，别做个叛逆少年。

妈妈，你能别唠叨了吗

你是否发现，最近这一两年的时间，你好像很厌倦妈妈的唠叨。"她为什么总是那么管着我，即使生活细节都不放过。""我已经不是小孩子了，不要再把我当孩子看！"她会经常叮嘱你多吃点、多穿点，叮嘱你听老师的话，她就像个不会停的说话机器一样。

但丁说："世界上有一种最美丽的声音，那便是母亲的呼唤。"女人固然是脆弱的，母亲却是坚强的，没有无私的自我牺牲的母爱的滋润，孩子的心灵将是一片荒漠。其实，相对于父亲来说，母亲的爱更细腻，他们会把所有对儿子的爱都放到语言和行动上，会关注你的一切。其实，在你成长的过程中，母亲并没有改变，对你的爱也没有改变，只是你逐渐在长大，越来越希望做独立的自我，但你想象过没，你的一声"咆哮"就会让母亲伤心很久。

善良明理的男孩，从现在起，不妨试着去理解母亲的唠叨吧。为此，你要

做到以下几点。

1.理解母亲的角色，感受母亲的艰辛

在家庭角色中，母亲是一个很难扮演的角色，她们从组建家庭开始，先成为一个妻子，然后成为一个母亲，每个母亲都会把自己的角色当成一生的事业来经营，其中要面对柴米油盐的琐碎，要照顾孩子的生活起居，要承担孩子成长的欢乐忧愁……为了家庭和孩子，她们操碎了心，但很多时候，却换来你的不理解。

如果你能感受一下母亲的艰辛，也就能从心底真的理解母亲的唠叨。

2.像个男人一样保护你的母亲

你已经是一个男子汉了，生活中，对于你自己的事，一定要自己处理，要学会自理。另外，母亲毕竟是一个女人，你还要像一个真正的男子汉一样保护她。闲暇时间，帮母亲做一些家务吧，尤其是体力活，这会让她真正感受到儿子长大了，一定会从心里感到安慰。

3.孝顺男孩不叛逆

要真正理解母亲，就不要做问题男孩，不要让妈妈担心。不难想象，你和小伙伴在网吧彻夜不归的日子，她是多么担心；你和社会青年在一起混日子的时候，她有多么害怕你会走错路；你和同学打架受伤的时候，她比你还疼……青春期固然会遇到一些成长上的问题，但妈妈可以是你倾诉的对象，可以是你的知心朋友，妈妈是过来人，会帮助你度过不安的青春期。

当然，你可以做的还有很多，但无论如何，亲爱的儿子，你要理解妈妈，对于妈妈的唠叨，也别再唱反调了。

别对抗你的父亲，体谅爸爸深沉的爱

生活中，我们能发现，母亲给予儿子的是无条件的、细腻的爱，表达的机会也更多，但是爸爸则不同，他只有儿子取得成绩的时候才把爱作为一种奖励给他。而青春期男孩，内心更加细腻敏锐，爸爸的这种不善于表达会被儿子看作爸爸不爱自己。在这种心理的影响下，一些男孩会把自己的叛逆表达出来。而其实，男孩，你做到理解爸爸了吗？

父爱如山，身为一家之主，作为爸爸的男人需要担负起养家的重任，因此他们常常忽略对子女的关注和教育，但他们无时不刻不在默默地关心你的成长，他不会在你摔倒时过来扶起你，而是让你自己站起来，因为他希望你成为一个真正的男子汉；当你做错事时，他不会像母亲那样和声细语地劝慰，而是疾言厉色地训斥你，因为他希望你记住什么是对、什么是错；当你取得好成绩时，他们不会热烈地拥抱你，而是冷冷的一句"不要骄傲"，因为他希望你能再接再厉，不要被成功冲昏头脑……但你又发现没，在你生病时，他也会着急得像热锅上的蚂蚁，他可能不像小时候那样会把你放到肩膀上行走，也不会陪你踢球、玩玩具，但是爸爸对你的爱，从未改变！

在每一个家庭中，父亲的影响都是巨大的，尤其是对于男孩来说，父亲会教你怎么做人，怎么成为一个有担当的男子汉，怎么成为一个受人欢迎的男人。

有个成年的男子在自己的日记里这样写道："我的父亲是我衡量男性的标准，父亲是最可爱、最合人意、最值得尊敬、最有责任感、最有教养的……他是我所认识的人中最伟大的男人。我希望我未来能像父亲那样伟大。"

这位成年男子的父亲是成功的，父亲给他树立了一个有责任感的、坚强的男子汉的榜样。

同样，青春期的男孩们，可能你的爸爸并不是那么完美，偶尔会不拘小节、浑身臭汗，也不会表达对你的爱，没有太多的时间陪你，甚至偶尔会对你大喊大叫、训斥你，但父亲始终是爱你的。亲爱的儿子，爸爸也希望你能理解并体谅爸爸的不完美，能向爸爸敞开心扉，让爸爸帮助你一起面对青春期的成长困惑！

感恩父母，感受父母的爱

很多时候，青春期的孩子也许曾经抱怨过父母、不理解父母，甚至与父母对着干，但是你会发现，无论你做什么，父母依然会对你不计回报地付出。然而，被父母捧在手心里的男孩，又有多少能感受到父母的爱呢？相反，很多时候，因为生活中的琐事，他们与父母斗气，伤透了父母的心。

男孩们，千万不要把父母的付出当成理所当然。人们常说，可怜天下父母心，这个世界上最不让人怀疑的爱就是父母的爱。爸爸妈妈是世界上最美的称呼。父母亲，或许平凡或许杰出，或许大字不识一个或许学识渊博……但在他们眼里：无论自己的孩子是平凡，还是优秀；是残疾，还是健壮；是平民布衣，还是英雄……他们都无私、宽容地爱着自己的孩子。第一声啼哭，第一次哺乳，第一次笑，第一次翻身……这些，你都在无记忆中完成；父母的记忆里，却从此多了多少鲜活的内容。当你日渐长大，你的心绪、喜怒、失衡的、偏激的、好的、坏的……你都在无意识中我行我素着；而父母的内心里，却从此多了无尽的担忧，生怕一个不小心，你就在人生的轨道上走偏了，从此有了失眠，黑发也成银丝，体格也日趋不如以前。

了解完这一点，你就要学会感恩，具体说来，你需要做到以下几点。

1.关心你的父母

实际上，哪个父母何尝不希望自己的子女能在生活中多关心一点自己呢？那么，从现在起，每天不要忘了从生活细节上关心父母，关心他们的健康，关心他们的生活起居。比如你可以说："爸妈，早点休息。""妈，少吃点辣椒，火气大。"这些看似微不足道的语言，却能让你的父母由衷地感到幸福。

2.理解父母

居家过日子，难免磕磕碰碰。有时候，父母的行为、语言可能导致了家庭纷争，但对此，你一定要保持良好的态度，对父母报以理解，例如，你可以说："妈，我知道你这样做是为了我好，但是……"

3.感谢父母

你是否还在享受母亲每天为你准备的晚餐？你的父亲是否经常给你额外的零花钱？你的那些脏衣服是谁洗的？那么，你对父母说"谢谢"了吗？你对他们说"辛苦"了吗？不要以为父母对你的付出是理所当然的。

父母总是吵架，烦死了

可能不少青春期男孩也遇到过父母吵架的问题，实际上，父母吵架在所难免，作为子女的男孩，你不必紧张。

那么，具体来说，父母吵架，你该怎么办呢？

首先，你要明白的是，每个家庭都会有矛盾，难免会吵架，你不必紧张，而应该保持镇定，先找到解决的办法。因为稍有不慎，或许，会将矛盾

激化。

其次，你需要找到父母吵架的原因，是因为一些琐事还是重要事情？通过这些，我们可以判断出父母之间的感情是浓还是淡。若是因为琐事，那么，很有可能他们之间因为结婚时间长，不再像新婚时那样感情浓烈了，彼此之间都有一些厌烦，但并不是说没有感情。若是因为重要的事情而吵架，那么，则不必过于惊慌，这是正常的，稍微劝劝就好了。

所以，我们最为头疼的，就是父母总会因为生活琐事而大吵大闹。正所谓家家有本难念的经，或许有一方面正是指的这个吧。不过，并不是不可以解决。而解决的钥匙，就是作为子女的你！

男孩，你始终不要忘记你是父母最疼爱的人，现在的你也是个男子汉了，父母吵架，你也不要袖手旁观，你要动之以情、晓之以理。不要害怕父母不听你的。只要你的父母爱你，你就有成功的机会。而且这个机会还很大！因为当你主动说出一番真情话之后，父母必然会认为他们生了一个好孩子，或者他们发现自己的孩子长大了，懂事了，火气也会消掉一点，再者，父母一般都喜欢听懂事的孩子的话！

总之，问题能不能解决，就看你怎么做了。人无完人，人的一生中总有错误，而你则是对父母吵架因素进行判断的中间人。

父母离婚了，我何去何从

对于任何一个成长期的孩子来说，他们都希望有一个完整、和谐的家庭，父母相亲相爱，在这个环境下成长，他们也才会真正快乐。父母关系破裂，对

于青春期的男孩来说，确实是一个不小的打击。那么，面对这种情况，你该怎么办呢？

1.如果父母的感情还能挽救，尽量帮助父母修复婚姻

作为一个小男子汉，你应当用真诚心、孝心和耐心尽力劝父母不要离婚，这会真正帮到父母、你自己还有家庭。

因为一个幸福的婚姻家庭，无论是对你自身的成长还是对父母的生活、事业的影响都太大了。你要告诉父母的是，要想婚姻幸福，不管你的结婚对象是谁，都必须互相包容、扶持。只看对方优点，不看对方缺点。只反省自己的缺点，只找对方好处。

（1）你要劝爸爸心量大些。人们常说男子要刚，这个"刚"就是"包容"，劝爸爸一定当得起"大丈夫"三个字，多包容妈妈，再说让给妈妈也不是让外人。多看妈妈的优点，遇事不要争论，等事过境迁、场合合适时，私下里再把道理说给妈妈听。能大义包容，又深明道理，妈妈心中一定会佩服爸爸。

（2）你要劝妈妈看破、放下。过去的事情就让它过去了。人们常说女子要柔和，"柔和"也是包容，对爸爸要有包容心，心中有主意，做法上能屈能伸。要多尊重爸爸，要多看爸爸的优点，遇事心平气和，不要争论，等事过境迁、场合合适时，私下里再交流看法。

另外，你要做个好孩子，对爸爸妈妈要恭敬孝顺；多关心自己的爸爸妈妈；多帮忙做家务；平常言行中如果有对父母不尊重的地方，要向爸爸妈妈忏悔。多找爸爸妈妈的好处，同时劝导父母各找对方的好处，越多越好。

总之，你一定要用诚心和孝心来劝导父母。他们有你这样的好孩子，也许会回心转意的。

2.如果父母心意已决，心态平和地接受

父母离婚了，但还是爱你的，只是他们不在一起生活了，切不可因为父母离婚的事而意志消沉，要把精力放到学习上，等你过了青春期，你便能理解父母了。

学会为父母分担，学会承担家庭责任

孟子曰："不得乎亲，不可以为人；不顺乎亲，不可以为子。"这句话的意思是，儿子与父母的关系相处得不好，不可以做人；儿子不能事事顺从父母的心意，便不成其为儿子。孔子说："孝悌者，为人之本也。"孝为"百德之首，百善之先"。古人说，百善孝为先。一个对自己父母都不尊敬、不善待的人，会是有爱心的人吗？孝敬父母是中华民族的传统美德，也是各种品德形成的前提。试想一个人连父母都不爱，不敬、不孝，怎么会爱朋友、爱同学、爱老师，成为一个人格健全的人呢？

因此，男孩，从现在起，不妨和事例中的男孩一样帮父母分担一点吧。对你而言，这也是不断前进和完善自己的动力。真孝敬父母，就应该听从父母的教诲，不应随便顶撞，有不同想法应讲道理；真孝敬父母，就应该严格要求自己，体谅父母的艰辛，尽可能少让父母为自己操心；真孝敬父母，就应该为父母分忧解难，在父母生病、有困难时，尽力去关心照顾父母、协助父母；真孝敬父母，就应该刻苦学习，努力求知，让父母少为自己的学习担忧；真孝敬父母，就应该在离家外出时，自己照顾好自己，注意安全，外出时间较长，应及时向父母汇报情况……总之你要把真正的孝心体现在言行上。

总之，亲爱的儿子，爸爸妈妈希望你能成为一个有孝心、有责任心的真男

人，你只有从小爱父母，才能长大爱人民、爱祖国，进而为祖国服务，因为孝心是做人的根本！

表达孝心，从生活中入手

青春期的男孩，你是否体会到了父母的良苦用心？是否真正地感恩父母给予自己的无私大爱？是否真的有对父母尽过孝心，行过孝道？人们常说，"百事孝为先"，一个人能够孝顺，他就有一颗善良、仁慈的心，有了这份仁心，就可以有利于许多的人。孝，首先要孝父母，如果世界存有爱，那么首先爱的应该是自己的父母，其次才会爱他人，爱集体，爱社会，爱祖国……

然而，在家庭生活中，我们经常可以看到这样的情景：吃过饭后，男孩扭头看电视或出去玩，父母却在忙碌着收拾碗筷；家里有好吃的，父母总是先让儿子品尝，儿子却很少请父母先吃；儿子一旦生病，父母便忙前忙后，百般关照，而父母身体不适，儿子却很少问候……

可能你会说，等我长大了，有钱了，我会给父母买很多好吃的；也许你会说，等以后长大了，有时间了，会多陪陪父母。但"树欲静而风不止，子欲养而亲不待"，父母有这么多时间来等你吗？对父母的孝心或许更应该在平时的生活中体现出来吧。

具体说来，你需要这样感恩父母。

1.关心父母的健康

他们虽然是你的父母，但并不是铁人，在紧张的工作和繁重的生活压力下，他们也会生病，当他们生病时，你一定要懂事，你可以为他们端茶递水，

为他们做顿饭，相信他们一定会有所触动。

2.培养动手能力，主动承担一些力所能及的事

处于青春期的你已经有了一定的行为能力，生活中的很多事你已经完全可以自己做了，那么，你就不要麻烦父母。例如，自己的衣服自己洗，自己的被子自己叠，自己收拾书包和房间等。另外，你还可以帮父母做一些家务，例如，放学回家后，爸妈还没下班，你可以先煮好饭；周末，你也可以抽出半天时间帮爸妈进行大扫除……这虽然都是一些小事，但却能真正感动父母。

3.经常表达对父母的爱

对父母说："我爱你们。"虽然只是简单的四个字，但却凝聚了你所有的感激之情，父母一定会无比欣慰。

4.不要忘记在爸妈的生日、结婚纪念日送上一份礼物

这份礼物并不要太昂贵，但一定要用心，你可以亲自在他们生日或者结婚纪念日上为他们做顿饭，让父母享受一次被"照顾"的感觉，他们一定感到很幸福。

总之，孝心是拿来做的，不是拿来说的。亲爱的儿子，相信你也是个孝顺的人，但为人子女，一定要把感恩父母的行动贯彻到日常生活中，把你对父母的爱落到行动中，才能让父母感到你真的长大了。

第12章

与人交往很轻松，男孩不要太紧张

青春期是渴望交朋结友的年纪，相信任何一个青春期男孩都有几个好哥们、好朋友，但很多男孩却为如何与人交往感到烦恼。实际上，人际交往是一门学问，青春期正是培养交往能力的重要时期，这是积累人生阅历和社会实践能力的重要表现能力之一。拥有良好的交往品质是交往的前提，青春期男孩应该把心打开，让自己融入集体，让自己人生的重要时期多姿多彩！

如何才能成为受同学欢迎的人

青春期是渴望交朋友的年纪，不受同学欢迎、人缘差，这的确是困扰青春期男孩的一个问题。对此，你应该从自身找原因，这样才能有针对性地改变自己。你可以先和好朋友聊聊原因，再回想下自己在哪方面做得不够；也可以让朋友帮忙问问班里的其他同学为什么不喜欢你；也可以拿张纸出来，写出你认为班上受欢迎的男孩交际好的原因，比方说他说话方式、内容，再与自己做对比。

其实，与人交往并不是难事，只要拥有以下良好的交往品质即可。

1.自信

自信是人际交往中重要的一个品质，因为只有自信，才会将自己成功地推销给别人认识，无数事实证明，自信的人更能赢得他人的欢迎。自信的人总是不卑不亢、落落大方、谈吐从容，而绝非孤芳自赏、盲目清高。他们对自己的不足有所认识，并善于听从别人的劝告与帮助，勇于改正自己的错误。培养自信要善于"解剖自己"，发扬优点，改正缺点，在社会实践中磨炼、捶打自己，使自己尽快成熟起来。

2.热情

在人际交往中，热情的人总是不缺朋友，因为别人能始终感受到你给的温暖。热情能促进人的相互理解，能融化冷漠的心灵。因此，待人热情是沟通人的情感、促进人际交往的重要心理品质。

3.真诚

"浇树浇根，交友交心。"想要交到真正的知心朋友，就要学会真诚待人。真诚的心能使交往双方心心相印，彼此肝胆相照，真诚的人能使交往者的友谊地久天长。

4.信任

在人际交往中，信任就是要相信他人的真诚，从积极的角度去理解他人的动机和言行，而不是胡乱猜疑，在心里设防护墙，因为信任是相互的，尝试信任别人，你也会获得信任。美国哲学家和诗人爱默生说过：你信任他人，他人才对你重视。以伟大的风度待他人，他人才表现出伟大的风度。

5.自制

与人相处，经常可能会因意见不同、误会等原因发生摩擦、冲突，而面对摩擦，学会克制自己的情绪，就能有效地避免争论，"化干戈为玉帛"。青春期男孩，要想克制自己，就要学会以大局为重，即使是在自己的自尊与利益受到损害时也是如此。但克制并不是无条件的，应有理、有利、有节，如果是为一时苟安，忍气吞声地任凭他人的无端攻击、指责，则是怯懦的表现，而不是正确的交往态度。

人际交往确实是一门学问，亲爱的儿子，爸爸妈妈知道你在与人交往这方面做得一直不错，但我们希望你能做得更好！

以"礼"待人，获得好感

谦恭礼让，是中华民族的传统美德，也是中国几千年留下来的道德风尚。

谦恭礼让，是一种和谐处世的礼仪，更是一门沟通的艺术，它的情感基础是真诚与信义，体现的是一个人的修养与素质，因此它不同于人们所说的溜须拍马，因为它建立的基础是真诚。

一个谦恭的男士会有一种别样的气质，因此，青春期男孩，要把谦恭礼当成自己必修的道德礼仪课。修炼这一礼仪规范，不仅需要外在行为习惯的养成，更需要内在道德理念的修炼和积淀，提升道德境界。具体讲，应把握以下几个修炼重点。

1.以"仁爱"之心对待周围的人

从"爱"出发。这个世界，因为有爱才更美好。一个人如果不懂得爱身边的人，那么，他的人格是不健全的。"仁者，爱人"，作为青春期的你，要爱父母、爱老师、爱朋友、爱家庭、爱学校、爱国家，不存在爱，就不存在谦恭礼让。

2.尊敬他人

只有先尊敬别人，才会赢得别人的尊重，尊重是相互的。青春期男孩，不仅要对同龄人尊敬，更要敬长辈、敬师长，"敬"是待人处世的基本态度。

例如，男孩可以这样做：早上走进校门，对早到的老师点头致意，喊一声"老师早"；在校园里行走碰见不认识的老师时，也不忘笑着叫一声"老师好"；当你有问题请教同学或者同学的时候，不要忘记说"谢谢了"；当你和老师在狭窄的楼道中遇到，正是"狭路相逢"的时候，要记得让老师先走；老师生病了，课间也关切地问候一下……

3.要有礼让的风貌

孔融让梨的故事，每个男孩都知道，可是，在现实生活中，真正做到这一点的，实在不多。谦让、礼让是美德之本、礼仪的精髓。对此，男孩要始终保

持自己礼让的风貌："与人方便自己方便"；"退让一步海阔天空"；荣誉金钱乃身外之物，见利思义……

4.礼之用，和为贵

青春期的男孩在生活交际中待人接物，要"礼之用，和为贵"。这样，人际关系自然也就和谐了。

5.切实履行"礼让"的行动

把握了"仁爱、恭敬、礼让、和谐"这四方面修炼要点是重要的，但更重要的是落实在具体行动上。

总之，亲爱的儿子，你应该自觉加强实践，主动修炼，使自己成为谦恭礼让、彬彬有礼的人，谦恭、遵守礼仪当是自己对自己的要求，也是父母对你的期望，更是整个社会赋予你们的责任，有谦恭礼让的风貌，才能传承中华文明，登上时代的舞台。

拒绝自私，分享才有快乐

从青春期男孩自身角度考虑，无论与谁打交道，要想活得快乐，就要懂得分享。

分享，是指将自己喜爱的物品、美好的情感体验及劳动成果与他人共享的过程。"分享"意味着宽容的心，意味着协同能力、交往技巧与合作精神，这些都是任何一个男孩应具备的重要素质。人生在世，我们每个人都需要和别人分享。分享快乐，分享痛苦，这样对自己有好处的同时，对别人也有好处，就是现在说的"双赢"。

实际上，由于家庭教育的缺失，尤其是父母的溺爱，很多青少年变得自私自利，不愿意与人分享，这对男孩成为一个合格的社会人是极为不利的。在现实生活中，自私、不愿意与人分享的孩子并不少见。这虽然不是什么大毛病，但如果是一个什么都不愿与他人分享、独占意识很强的人，是很难与他人形成良好的人际关系的。所以，从男子自身角度讲，从小克服自私的性格缺点，培养与他人分享的意识很重要。

男孩，培养自己的分享意识，你需要努力做到以下几点。

1.找到自己不愿与人分享的原因

一般来说，青春期的孩子不愿意与人分享，原因有三：一是现在的孩子都是独生子女，在家庭生活时，没有需要他们伸手帮助别人的这种氛围；二是他们缺少替别人着想的意识；三是他们受教育的程度还不够，使得他们还不能够真正从思想上认识到自己身边还有他人，应该多替他人着想。找到原因，才能在日常生活中对症下药，加以解决。

2.从分享物质开始

分享物质就是分享食物、书籍、文具等物品，还可以借自己生日，邀请朋友一起来分享生日蛋糕，从中学会分享，体验分享的快乐。

3.分享快乐

别人很高兴的事，你也可以一起高兴，从而产生一种因分享而带来的快乐和满足感。

换位思考，多为别人着想

　　青春期的孩子情绪不稳定，很容易因为一些小事而动怒，而假如他们能从对方的角度考虑，"战争"完全不会发生。

　　青春期是一个过渡期，青春期的男孩开始和成人一样，除了和老师、家长打交道外，还需要有自己的人际关系圈，但在交往的时候，很容易与对方产生矛盾，成为青春期男孩心中挥之不去的心事。其实，无论和谁，发生了什么样的事情，只要你们学会换位思考，才能站在他人的立场上，客观地看待整个事件，而非主观地陈述个人的一面之词。多为他人考虑，理解他人，你心中的不快很快就能消除。

　　从青春期男孩的生活范围看，男孩一般应多理解以下三类人。

　　1.你的老师

　　师生之间，换位思考尤为重要。作为学生的你，不妨从老师的角度想想看，每个老师都希望自己的学生取得良好的成绩，能有一个美好的未来，老师所做的一切的出发点，都是为了学生好。可能在实现这一意愿的时候，方法上有所失误，但老师也是人，也有情绪，如果你只一味坚持自己的观点，认为师生关系恶化的责任多在于对方，这样的心理是无法构造和谐的师生关系的。你只要想对方所想，思对方所思，才能相处得更为融洽。

　　2.你的父母

　　青春期的男孩总是希望父母理解自己，但在你们要求"理解万岁"时候，有没有想到，父母也是需要理解的，理解永远都是双向的，别一味让父母理解你，别一味地怪罪父母忽略你的情绪和感情，这是不公平的。不错，你希望别人能认同、理解自己，但父母也需要理解，工作的辛苦、生活的压力已经不允

许他们和你一样激情高昂，他们也曾年轻过，他们身上有更多的责任，你理解过他们吗？

事实上，父母不管做什么，都是为了下一代好，生活、社会经验丰富的父母往往看得比你远，多听听父母的劝告，对你的成长很有帮助。当然，父母也有不对的地方，这时候，你不妨先放低姿态，然后和父母好好交谈，表示你自己理解他们的一片苦心，在他们认同后，再心平气和地把自己的想法说出来。

3.你的朋友、同学

青春期的男孩，谁没有几个铁哥们儿？谁没有几个成天腻在一起的好朋友，大家在一起，日子久了，产生矛盾也在所难免，但青春期的那股倔劲儿，会让男孩被友谊所伤。事实上，你的朋友也需要理解，你需要尊重他人的意见，多从他的角度想想，他为什么会这么做，要是换成你呢？你们之间是不是有什么误会？你不妨给他一个机会解释，也不妨主动示好，别把它当成心事放在心里，没什么大不了的事。

学会拒绝，不必有求必应

人生在世，谁都会有求于人，正是深知这个道理，我们对于别人的困难也常常伸出援助之手。但对别人的请求，总不能事事都答应，对有些自己力不能及的、违反原则的、出力不讨好的、付出精力太多的请求，必须加以拒绝。不善于拒绝别人的人是一个没有原则的人。

可能不少青春期男孩会误认为，"我只有顺从和帮助别人，才能变得可爱"，这样，你只会成为别人口中的"好好先生"，对于任何人的任何请求都

来者不拒，而最后你会发现，自己已经筋疲力尽，却"吃力不讨好"。甚至使自己经成为一个"取悦别人"的人。如果你是这样的人，那么这种情况将会恶性循环，使得你身边的人都希望你随时随地在他们身边，为他们服务。不会拒绝让你疲惫，感到压迫和烦躁。不要等到你的能量耗尽时，才采取行动。

当然，拒绝别人是一件令对方不快的事。那么，有哪些方法，可以令对方在被拒绝后感到理所当然，从而对你的拒绝有信服力呢？

（1）要有笑容地拒绝。拒绝的时候，要面带微笑，态度要庄重，让别人感受到你对他的尊重、礼貌，就算被你拒绝了，也能欣然接受。

（2）要有理由地拒绝。这样，即使你拒绝了对方，也会让对方觉得你已经尽力，还是会感动于你的诚恳。

（3）要有代替地拒绝。你跟我要求的这一点我帮不上忙，我用另外一个方法来帮助你，这样一来，他还是会很感谢你的。

（4）要有帮助地拒绝。也就是说你虽然拒绝了，但却在其他方面给他一些帮助，这是一种慈悲而有智慧地拒绝。

（5）要有出路地拒绝。拒绝的同时，如果能提供其他的方法，帮他想出另外一条出路，实际上还是帮了他的忙。

（6）是要留退路地拒绝。不要把话说死，把路堵绝，可以这样说："这事难度太大，办成的可能性极小，但是为了朋友的感情，我愿意尽最大努力。"这样即使事情办不成，朋友也会领你的情。

总之，亲爱的儿子，拒绝别人讲究一定的技巧，只有这样，才会让对方心服口服地接受你的拒绝。

和好朋友产生矛盾，怎么解决

男孩到了青春期，渴望交朋友，但如果和朋友发生冲突，又该如何解决呢？你可以这样做：

1.反思自己的过错

如果你的朋友中，个别人对你有意见，可能是对方的问题，但如果你被大家孤立或者被众人排挤的话，估计就是你的问题了。此时，你要做的就是反省自己，看看自己哪里不对，你试想一下，你是不是太"自我中心"了——凡事很少为别人着想，自己想怎样就怎样，或对朋友不怎么关心等。

2.心平气和，控制自己的情绪

"血气方刚"是年轻人的专利，情绪失控时会造成很多悲剧。当你被激怒时，或者当你觉得自己血往上涌，只想拍桌子的时候，千万要转移注意力，或者数数，或者离开那个环境，当你学会控制情绪时，你就长大了。

3.要学会大度、宽容

朋友之间，难免个性不同，生活习惯不同，要学会彼此尊重和包容。人都是重情谊的，你帮他，他也会帮你，互相帮助中，友谊更加深厚。在深厚友谊的基础上，彼此给对方提一些意见是很容易接受的。不是什么原则上的大错误，不要斤斤计较，多包容。

4.要正确看待每个人的长处和不足

人无完人，金无足赤。如果你发现你的朋友在外面彬彬有礼，而跟你在一起有点粗鲁，可能正说明他真的把你朋友，不能因为谁有某种不足就讨厌他，如果这个缺点不是品质上的，不是道德问题的话。大家能够走到一起，本身就是一种缘。

5.主动帮助和关心别人

经常帮助别人的人，自己也会得到别人的帮助。例如，同学肚子疼了，给她灌一个热水袋，倒点热水；同学哭了，送她一块纸巾，拍拍她的肩膀，不用说话就能把关心传递过去……这都会让你和朋友的感情升温。

亲爱的儿子，与别人相处是一种能力，需要不断纠正自己才能得到提高。现在不会和朋友相处不要紧，但要去学，观察周围的同学，从中吸取精华，或者多看一些有关修养方面的书籍。亲爱的儿子，记住爸爸妈妈给你的秘诀，满怀信心融入集体生活中，爸爸妈妈相信你能行！

轻松上阵，与陌生人交流不紧张

生活中的男孩，你有独自与陌生人说话的经历吗？会不会紧张？事例中大宝是个善于与人打交道的男孩。事实上，在任何人的内心，都希望能大方地与人交往，获得良好的人际关系，但不敢主动出击，怕对方不理自己。人与人交往，都有一个从陌生到熟悉的过程，俗话说"一回生二回熟"，你只要走出第一步，别人就会跟上来。那么，对于青春期男孩来说，该怎样消除与陌生人交谈的紧张心理呢？

1.放下陌生人情结，轻松交流

你不必刻意伪装自己的紧张，不过也要表现出你的诚意。其实每个人跟陌生人交谈时内心都会不安，一定要先放下陌生人情结。这样，与之交谈的时候，才会显得随意轻松，在谈话时要关注对方的表现，如果对方不感兴趣，就要停住你谈的话题。

2.做到思想放松，没有顾虑

心理学家詹姆士说过："与人交谈时，若能做到思想放松、随随便便、没有顾虑，想到什么就说什么，那么谈话就能进行得相当热烈，气氛就会显得相当活跃。"抱着"说得不好也不要紧"的态度，按自己的实际水平去说，是有可能说出有趣、机智的话语来。

3.心平气和、冷静交谈

一个冷静的人，总能控制自己的感情。过于激动，无论对讲话或听话的人来说，都会影响表达或倾听的效果。

4.生活中加强练习

例如，你可以经常和邻居打招呼，和他们交谈，让整个一栋楼里的人亲如一家。现代社会，人们忙于工作，邻里观念淡薄，主动与邻居交流，不但能加深彼此间的关系，还能帮助你提高交往技巧。

5.不必介意对方谈话时的语言和动作特点

有些人谈话时常常带口头语或做一些习惯动作。对此，你不必太在意，更不要分散自己的注意力，应将注意力放在对方谈话的内容上。

6.遇到尴尬，大方面对

当遇上一些尴尬的事情时，要大度一些，不要一本正经。此时，一句不伤大雅的玩笑，就能活跃气氛，消除他人的防卫心理，否则会让别人感到压抑。

总之，亲爱的儿子，你要知道，与陌生人交谈时，氛围是很重要的。良好的氛围容易让人放松，交谈起来也就更加坦诚。如果谈话氛围紧张，人人都很严肃，那交谈效果也会大打折扣。

参考文献

[1]胡琳.父母送给青春期男孩的枕边书[M].北京：中国纺织出版社,2015.

[2]章程.送给青春期男孩的成长礼物[M].北京：化学工业出版社，2016.

[3]张丽霞.10~18岁青春叛逆期，父母引导男孩的沟通细节[M].北京：中国纺织出版社，2015.

[4]金环.男孩青春叛逆，父母要处理好的事[M].北京：中国纺织出版社，2018.

[5]孙道荣.青春叛逆期，与男孩有效沟通[M].贵阳：贵州人民出版社，2011.